Deutsche Orden
und Ehrenzeichen

NIMMERGUT / FEDER / VON DER HEYDE

DEUTSCHE ORDEN UND EHRENZEICHEN

DEUTSCHES REICH VON 1871 BIS 1945, DDR UND BUNDESREPUBLIK

BATTENBERG

Inhalt

VORWORT 7

DEUTSCHES REICH
1871 – 1918.. 9

DEUTSCHES REICH
1918 – 1933 31

DEUTSCHES REICH
1933 – 1945 37

DEUTSCHE DEMOKRATISCHE REPUBLIK
1949 – 1990 137

BUNDESREPUBLIK DEUTSCHLAND
AB 1949.. 231

Vorwort zur 5. Auflage

Aus dem Wunsch nach einem weiterführenden Preiskatalog für Deutsche Orden und Ehrenzeichen ist inzwischen eine vielbeachtete geschätzte Arbeitshilfe für Sammler und Historiker geworden. Der Grund dafür liegt in der seriösen Preisbewertung des Materials der neu erschlossenen Sammelgebiete und dem Bemühen der Autoren, durch ergänzendes Bildmaterial ausführlichere Materialangaben und vollzogenen Sachkorrekturen einen möglichst hohen und kompletten Informationsstand zu erreichen.

Um historisch sinnvolle Abschnitte zu schaffen wurden gewählt:
Deutsches Reich 1871–1918
3. Reich 1939–1945
Deutsche Demokratische Republik 1949–1990
Bundesrepublik Deutschland 1949 bis jetzt.

Das abgeschlossene Sammelgebiet der DDR-Auszeichnungen spricht einen immer größer werdenden Kreis von Sammlern an.

Es kann angenommen werden, dass 10 Jahre nach dem Ende der DDR alle tatsächlich existierenden Varianten und Auszeichnungen inzwischen auf dem Markt aufgetaucht und damit auch für die Sammler bekannt geworden sind. Im Katalog wurden deshalb einige Positionen verändert, um bislang unbekannte Stücke aufzunehmen. Nach eigenen Marktbeobachtungen können jetzt auch gesicherte Angaben zur Seltenheit bestimmter Auszeichnungen und damit zum Marktwert gemacht werden. In der neu aufgenommenen Bändertafel fehlen einige seltene ältere Bänder. Diese Stellen wurden freigelassen, aber bereits mit den Katalognummern versehen, damit sie bei späteren Ausgaben ergänzt werden können.

Die Orden und Ehrenzeichen der Bundesrepublik Deutschland wurden um die inzwischen erfolgten Neustiftungen ergänzt. Bei den wiederzugelassenen Auszeichnungen des Deutschen Reiches sind – der Benennung in Amtsblättern etc. entsprechend – Unterteilungen nach Friedens- und Kriegsauszeichnungen gemacht worden, so wurden z. B. die Dienstauszeichnungen der Wehrmacht, den Friedensauszeichnungen zugeordnet.

Neu sind die farbigen Bändertafeln; es fehlen lediglich die Bänder für die Nr. 1854 und 1855, die dem Verfasser noch nicht vorlagen.

Die Band-Nummern bei den wiederzugelassenen Auszeichnungen beziehen sich auf die Katalog-Nummern im Teil Deutsches Reich 1933–1945, da die Bänder nicht geändert worden sind.

Zur Preisgestaltung:
in den letzten Jahren sind die wiederzugelassenen Kriegsauszeichnungen verstärkt im Handel gewesen, so dass sich verlässliche Durchschnittspreise ergeben.

Abgebildet sind Exemplare von Herstellern, die von den jeweiligen Staatskanzleien oder Ministerien der Länder der Bundesrepublik Deutschland offiziell mit der Herstellung von Orden und Ehrenzeichen beauftragt wurden.

Dennoch ergeben sich Bewertungsprobleme: Das Sportabzeichen in Gold kostet bei den zuständigen Stellen, vom Berechtigten nachgekauft, DM 10,– von der einfachen bis zur extreme Wiederholungstufe „65"; ähnliches lässt sich von anderen Auszeichnungen sagen. Die Klasseneinteilung spielt bei den Herstellerpreisen kaum eine Rolle, wohingegen der Sammler die unterschiedlichen Klassen auch durch Preisunterschiede gewürdigt wissen will. Bei verliehenen Auszeichnungen mit Urkunde ist die Sachlage anders. Deshalb wurde beispielsweise die Nr. 1622 erheblich höher bewertet.

Erneut zeigt sich wie umfangreich und differenziert inzwischen das Auszeichnungswesen der Bundesrepublik Deutschland geworden ist. Das wird manchen Leser überraschen und möglicherweise zur intensiveren Beschäftigung mit der Materie anregen.

Alle Preise sind in Deutscher Mark / Euro angegeben. Extrem seltene Auszeichnungen, einmalige Verleihungen bzw. ein nur einmal erzielter Preis, der nicht als verbindlich gelten kann, sind daher mit einem * gekennzeichnet.

Für Anregungen sowie ergänzendes Text- und Bildmaterial sind die Autoren jederzeit dankbar.

München und Rosenheim, im März 1994

Jörg Nimmergut
Klaus H. Feder
Heiko von der Heyde

Vorwort

Der Wunsch nach einem weiterführenden Preiskatalog für Deutsche Orden und Ehrenzeichen ist vielfach an die Autoren herangetragen worden. Der Grund dafür liegt in der Existenz neuer Sammelgebiete, die schon deshalb benötigt werden weil sie, von Ausnahmen abgesehen, kein so extremes Preisgefüge aufweisen, eine ausreichende Warenmenge vorhanden und der Schutz von Kopien zunächst gewährleistet ist.

Um einen historisch sinnvollen Abschnitt der Preisbearbeitung zu schaffen wurden gewählt: Deutsches Reich (1871 bis 1918) – 3. Reich (1933 bis 1945) – DDR (1949 bis 1990) und die Bundesrepublik Deutschland (1949 bis jetzt). Der Katalog wird kontinuierlich alle zwei Jahre erscheinen und kann somit die Neustiftungen in den alten und neuen Bundesländern aktuell aufnehmen.

In der DDR gab es 176 staatliche Auszeichnungen, teilweise in mehreren Stufen, die sich in Orden, Preise, Ehrentitel und Medaillen unterteilen lassen. Im Laufe der Jahre kamen zahlreiche Varianten durch unterschiedliche Materialien und Stempelverschiedenheiten hinzu. Das Auszeichnungswesen der DDR unterschied zwischen staatlichen und nichtstaatlichen Auszeichnungen. Staatliche Auszeichnungen wurden gestiftet und verliehen durch:

den Vorsitzenden des Staatsrates der DDR,

den Vorsitzenden des Ministerrates der DDR,

und den Vorsitzenden des Nationalen Verteidigungsrates der DDR.

Nichtstaatliche Auszeichnungen wurden gestiftet und verliehen durch:

die Minister und Leiter anderer zentraler Staatsorgane,

die Vorsitzenden der Räte der Bezirke, Räte der Kreise und Räte der Städte,

die Vorsitzenden und Leiter von Parteien und gesellschaftlichen Organisationen.

In diesen Katalog wurden nur jene Grundtypen staatlicher Auszeichnungen und deren Varianten aufgenommen, die durch Materialbeschaffenheit (z. B. Edelmetall - Buntmetall), durch eine wesentlich veränderte Gestaltung oder durch kurze Verleihungszeiträume Preisunterschiede rechtfertigen. Zu fast allen Auszeichnungen der DDR existieren zahlreiche Varianten, die zwar für den Spezialsammler von Interesse sind, jedoch keine unterschiedliche Preisbewertung rechtfertigen und folglich im Katalog nicht berücksichtigt wurden. Besonderen Wert wurde auf eine umfangreiche Bebilderung gelegt, die dem Benutzer u. a. das Auffinden gestaltungsähnlicher Auszeichnungen wesentlich erleichtert. Die Preise für den Abschnitt DDR orientieren sich an der tatsächlichen Marktentwicklung seit 1990 und sind frei von spekulativen Verzerrungen, die für die zurückliegenden Jahre ein unschönes Merkmal waren.

Erstmals wurden die Orden und Ehrenzeichen der Bundesrepublik Deutschland bearbeitet. Da die vorliegende Literatur, zumeist am Ordensgesetz sowie an Stiftungs- und Durchführungsverordnungen ausgerichtet, auf die speziellen Interessen der Sammlerschaft nicht einging, wird hiermit eine Lücke geschlossen. Nunmehr ist es möglich Einordnung und Bewertung für das Sammelgebiet Bundesrepublik Deutschland vorzunehmen. Die dabei aufgestellte Systematik zeigt wie umfangreich und differenziert inzwischen das Auszeichnungswesen der Bundesrepublik Deutschland geworden ist. Das wird manchen Sammler überraschen und zur Beschäftigung mit der Materie anregen.

Im Interesse der Vollständigkeit wurden auch die Auszeichnungen des 2. Weltkrieges aufgenommen, die zwar keine originären Stiftungen der Bundesrepublik Deutschland sind aber infolge der Veränderungen, die sie durch das Ordensgesetz von 1957 erfahren haben, einen Teil unseres gegenwärtigen Auszeichnungswesens darstellen.

Abgebildet sind Exemplare von Herstellern, die von den jeweiligen Staatskanzleien oder Ministerien der Länder der Bundesrepublik Deutschland offiziell mit der Herstellung von Orden und Ehrenzeichen beauftragt wurden.

Die Preise verstehen sich als Mittelwerte, Liebhaberpreise und Zufallsergebnisse wurden somit ausgeschlossen.

Alle Preise sind in Deutscher Mark angegeben. Extrem seltene Exemplare, einmalige Verleihungen bzw. ein nur einmal erzielter Preis, der nicht als verbindlich gelten kann, sind daher mit einem * gekennzeichnet.

Für Anregungen sowie ergänzendes Text- und Bildmaterial sind die Autoren jederzeit dankbar.

München und Brannenburg, im August 2000   *Jörg Nimmergut*
                                                  Klaus H. Feder
                                                  Heiko von der Heyde

Deutsches Reich
1871–1918

	DM	Euro

Zivile Ehrenzeichen

1   Jerusalem-Kreuz, 1898, emailliert   980,–   503,–

Militärische Ehrenzeichen

2   Kriegsdenkmünze 1870/71 für Kämpfer,
Randinschrift »AUS EROBERTEM GESCHÜTZ«
am Band für Kämpfer
gestiftet von Preußen, jedoch an Angehörige
aller Bundesstaaten verliehen   25,–   13,–

DM Euro

3 wie vor, aus Stahl
   am Band für Nichtkämpfer   30,–   15,–

Gefechtsspangen zur Kriegsgedenkmünze 1870/71
gestiftet von Preußen, jedoch an Angehörige
aller Bundesstaaten verliehen

4 SPICHERN/auch SPICHEREN   40,–   21,–

5 WÖRTH   60,–   31,–
6 COLOMBEY – NOUILLY   70,–   36,–

7 VIONVILLE – MARS LA TOUR   50,–   26,–

8 GRAVELOTTE – ST. PRIVAT   35,–   18,–

9 BEAUMONT   70,–   36,–

	DM	Euro

| 10 | NOISSEVILLE | 75,– | 38,– |

| 11 | SEDAN | 40,– | 21,– |

| 12 | AMIENS | 105,– | 54,– |

| 13 | BEAUNE LA ROLANDE | 140,– | 72,– |
| 14 | VILLIERS | 140,– | 72,– |

| 15 | LOIGNY – POUPRY | 60,– | 31,– |

| 16 | ORLEANS | 55,– | 28,– |

| 17 | BEAUGENCY – CRAVANT | 55,– | 28,– |

| 18 | AN DER HALLUE | 125,– | 64,– |

	DM	Euro

| 19 | BAPAUME | 115,– | 59,– |

| 20 | LE MANS | 60,– | 31,– |

| 21 | AN DER LISAINE/auch A. D. LISAINE | 80,– | 41,– |
| 22 | ST. QUENTIN | 100,– | 51,– |

| 23 | MONT VALERIEN/auch A. MONT VALERIEN | 130,– | 67,– |

| 24 | STRASSBURG | 105,– | 54,– |

| 25 | PARIS | 40,– | 21,– |

| 26 | BELFORT | 65,– | 33,– |

	DM	Euro

27 METZ   40,–   21,–

28 WEISSENBURG   65,–   33,–

China-Denkmünze

29 für Kämpfer, 1901   110,–   56,–
30 wie vor, aus Stahl für Nichtkämpfer   125,–   64,–

Gefechtsspangen zur China-Denkmünze

31 TAKU   200,–   103,–

32 SEYMOUR-EXPEDITION   275,–   141,–

33 TIENTSIN   210,–   108,–

		DM	Euro

| 34 | PEKING | 375,– | 192,– |

| 35 | PEITANG-FORTS | 240,– | 123,– |

| 36 | LIANG-HSIANG-HSIEN | 170,– | 87,– |
| 37 | KAUMI | 300,– | 154,– |

| 38 | TSEKINGWAN | 240,– | 123,– |

| 39 | KALGAN | 275,– | 141,– |
| 40 | HUOLU | 140,– | 72,– |

| 41 | KITCHOU | 225,– | 115,– |

	DM	Euro

| 42 HOPHU | 235,– | 121,– |

| 43 FOUPHING | 225,– | 115,– |

Südwestafrika-Denkmünze

| 44 für Kämpfer, 1907 | 115,– | 59,– |
| 45 wie vor, aus Stahl für Nichtkämpfer | 130,– | 67,– |

Gefechtsspangen zur Südwestafrika-Denkmünze

| 46 HEREROLAND | 110,– | 56,– |
| 47 OMARURU | 380,– | 195,– |

| 48 OGANJIRA | 290,– | 149,– |

	DM	Euro

| 49 | WATERBERG | 150,– | 77,– |

| 50 | OMAHEKE | 180,– | 92,– |

51	GROSS-NAMALAND	90,–	46,–
52	FAHLGRAS	400,–	205,–
53	TOASIS	375,–	192,–

| 54 | KARAS-BERGER/auch KARASBERGE | 200,– | 103,– |

| 55 | GROSS-NABAS | 335,– | 172,– |
| 56 | AUOB | 310,– | 159,– |

| 57 | NURUDAS | 300,– | 154,– |
| 58 | NARUDAS (seit 11. 11. 1908) | 390,– | 200,– |

		DM	Euro

| 59 | NOSSOB | 250,– | 128,– |

| 60 | ORANJE | 200,– | 103,– |
| 61 | KALAHARI 1907, nur an Engländer vergeben | * | |

| 62 | KALAHARI 1908 | 250,– | 128,– |

Kolonial-Denkmünze

| 63 | für Weiße, 1912 | 150,– | 77,– |
| 64 | wie vor, für Farbige der Schutz- und Polizeitruppen, kleinere Ausführung | 825,– | 423,– |

Gefechtsspangen zur Kolonial-Denkmünze

| 65 | DEUTSCH-OSTAFRIKA 1888/89 | 370,– | 190,– |

| 66 | wie vor, 1889/90 | 340,– | 174,– |
| 67 | wie vor, 1889/91 | 400,– | 205,– |

	DM	Euro

DEUTSCH-OSTAFRIKA 1892.

| 68 wie vor, 1892 | 380,– | 195,– |

DEUTSCH-OSTAFRIKA 1893.

| 69 wie vor, 1893 | 380,– | 195,– |

DEUTSCH-OSTAFRIKA 1894.

70 wie vor, 1894	380,–	195,–
71 wie vor, 1895	340,–	174,–
72 wie vor, 1896	340,–	174,–
73 wie vor, 1897	340,–	174,–

DEUTSCH-OSTAFRIKA 1897/98

| 74 wie vor, 1897/98 | 380,– | 195,– |

DEUTSCH-OSTAFRIKA 1898.

| 75 wie vor, 1898 | 340,– | 174,– |

DEUTSCH-OSTAFRIKA 1899.

| 76 wie vor, 1899 | 310,– | 159,– |

DEUTSCH-OSTAFRIKA 1900.

| 77 wie vor, 1900 | 290,– | 149,– |

DEUTSCH-OSTAFRIKA 1901.

| 78 wie vor, 1901 | 290,– | 149,– |

DEUTSCH-OSTAFRIKA 1902

| 79 wie vor, 1902 | 250,– | 128,– |

		DM	Euro

DEUTSCH-OSTAFRIKA 1903

| 80 | wie vor, 1903 | 250,– | 128,– |

DEUTSCH-OSTAFRIKA 1905/07

81	wie vor, 1905/07	275,–	141,–
82	wie vor, 1911	250,–	128,–
83	wie vor, 1912	225,–	115,–

SÜDWESTAFRIKA 1893/95

84	SÜDWEST-AFRIKA 1893/95	425,–	218,–
85	wie vor, 1896	330,–	169,–
86	wie vor, 1897	280,–	144,–

SÜDWESTAFRIKA 1897/98

87	wie vor, 1897/98	330,–	169,–
88	wie vor, 1901	280,–	144,–
89	wie vor, 1903/04	225,–	115,–
90	KAMERUN 1884	415,–	213,–
91	wie vor, 1886/91	400,–	205,–
92	wie vor, 1889	380,–	195,–
93	wie vor, 1890	380,–	195,–

KAMERUN 1891

94	wie vor, 1891	250,–	128,–
95	wie vor, 1891/94	380,–	195,–
96	wie vor, 1893	350,–	179,–

KAMERUN 1895/96

| 97 | wie vor, 1895/96 | 290,– | 149,– |
| 98 | wie vor, 1897 | 290,– | 149,– |

		DM	Euro
99	wie vor, 1898	280,–	144,–

100	wie vor, 1898/99	330,–	169,–
101	wie vor, 1899	230,–	118,–
102	wie vor, 1899/1900	265,–	136,–
103	wie vor, 1900	200,–	103,–

| 104 | wie vor, 1900/01 | 200,– | 103,– |
| 105 | wie vor, 1901 | 200,– | 103,– |

| 106 | wie vor, 1901/02 | 185,– | 95,– |

| 107 | wie vor, 1902 | 180,– | 92,– |

108	wie vor, 1902/03	225,–	115,–
109	wie vor, 1903	190,–	97,–
110	wie vor, 1904	190,–	97,–
111	wie vor, 1904/05	225,–	115,–

| 112 | wie vor, 1905 | 180,– | 92,– |
| 113 | wie vor, 1906 | 130,– | 67,– |

| 114 | wie vor, 1905/07 | 225,– | 115,– |
| 115 | wie vor, 1906/07 | 190,– | 97,– |

		DM	Euro
116	wie vor, 1907/08	190,–	97,–
117	wie vor, 1911	170,–	87,–
118	wie vor, 1912	170,–	87,–

| 119 | SAMOA 1888 | 475,– | 244,– |

| 120 | VENEZUELA 1902/03 | 365,– | 187,– |

| 121 | PONAPE 1910/11 | 275,– | 141,– |
| 122 | TOGO 1894/95 | 425,– | 218,– |

| 123 | wie vor, 1895 | 425,– | 218,– |

| 124 | wie vor, 1896 | 425,– | 218,– |
| 125 | wie vor, 1896/97 | 425,– | 218,– |

126	wie vor, 1897	425,–	218,–
127	wie vor, 1897/98	425,–	218,–
128	wie vor, 1898	380,–	195,–
129	wie vor, 1898/99	380,–	195,–

130	wie vor, 1899	380,–	195,–
131	wie vor, 1900	380,–	195,–
132	wie vor, 1900/01	380,–	195,–

		DM	Euro
133	wie vor, 1901	340,–	174,–
134	wie vor, 1902	320,–	164,–
135	wie vor, 1903	320,–	164,–
136	DEUTSCH-NEUGUINEA 1893	500,–	256,–
137	wie vor, 1897	500,–	256,–
138	wie vor, 1899	450,–	231,–
139	wie vor, 1900	450,–	231,–
140	wie vor, 1901	450,–	231,–
141	wie vor, 1902	400,–	205,–
142	wie vor, 1903	400,–	205,–
143	wie vor, 1904	360,–	185,–
144	wie vor, 1905	330,–	169,–
145	wie vor, 1906	330,–	169,–
146	wie vor, 1907	330,–	169,–
147	wie vor, 1908	315,–	162,–
148	wie vor, 1909	280,–	144,–
149	wie vor, 1910	280,–	144,–
150	wie vor, 1911	280,–	144,–
151	wie vor, 1912	230,–	118,–
152	wie vor, 1913	265,–	136,–
153	wie vor, 1913/14	280,–	144,–

	DM	Euro

Kriegerverdienstmedaillen

154   Kriegerverdienstmedaille 1. Klasse
in Gold, 1892 – 1919, auch für farbige
Offiziere und Mannschaften   G 6.500,–   3.333,–

Sv 2.200,–   1.128,–

155   wie vor, 1. Klasse in Silber, auch
für farbige Offiziere   2.500,–   1.282,–

156   Kriegerverdienstmedaille 2. Klasse
in Gold, 1892 – 1919, auch für farbige
Offiziere und Mannschaften   300,–   154,–

157   wie vor, 2. Klasse in Silber für
farbige Unteroffiziere und Mannschaften   140,–   72,–

158   wie vor, 2. Klasse, RS »KRIEGS/VERDIENST«   350,–   179,–

Erinnerungsmedaillen

159   Helvetia-Benigna Medaille, 1917 – 1919,
      große Ausführung, nt   5.000,–   2.564,–
160   wie vor, kleine Ausführung mit Öse   5.000,–   2.564,–
161   kleine Ausführung als Brosche   900,–   462,–

DM   Euro

Waffenabzeichen der Marine

162   Abzeichen für Marineflugzeugführer
       von Seeflugzeugen, 1913   900,–   462,–

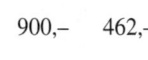

163   wie vor, für Landflugzeuge, 1915   1.100,–   564,–

164   Abzeichen für Beobachter auf
       Marineflugzeugen, 1915   900,–   462,–

165   Erinnerungsabzeichen für Marineflugzeugführer
und -beobachter, 1916   980,–   503,–

166   U-Boots-Kriegsabzeichen, 1918   425,–   218,–

Waffenabzeichen der Fliegertruppe

167   Abzeichen für Militär-Flugzeugführer, 1913   800,–   410,–

DM   Euro

		DM	Euro
168	Abzeichen für Beobachter, 1914	750,–	385,–
169	Flieger-Erinnerungszeichen, 1914	800,–	410,–
170	Flieger-Erinnerungszeichen, 1916	800,–	410,–

171	Abzeichen für Fliegerschützen, 1918	1.100,–	564,–

172	Ehrenbecher »Dem.Sieger.im.Luftkampf.«, 1916	9.900,–	5.077,–

| | DM | Euro |

Verwundetenabzeichen

Armee und Kolonialtruppen

| 173 | Verwundetenabzeichen in Gold für fünf- und mehrmalige Verwundung, 1918 | 100,– | 51,– |

174	wie vor, durchbrochen	205,–	105,–
175	wie vor, Schraube mit Gegenplatte	220,–	113,–
176	wie vor, Silber für drei- und viermalige Verwundung	65,–	33,–
177	wie vor, durchbrochen	100,–	51,–
178	wie vor, Schraube mit Gegenplatte	180,–	92,–
179	wie vor, in Schwarz für ein- und zweimalige Verwundung	25,–	13,–
180	wie vor, durchbrochen	45,–	23,–
181	wie vor, Schraube mit Gegenplatte	100,–	51,–

	DM	Euro

Marine

182	Verwundetenabzeichen in Gold für fünf- und mehrmalige Verwundung, 1918	450,–	231,–
182/1	wie vor, durchbrochen	650,–	333,–
182/2	wie vor, Schraube mit Gegenplatte	700,–	359,–
183	wie vor, in Silber für drei- und viermalige Verwundung	230,–	118,–
183/1	wie vor, durchbrochen	420,–	215,–
183/2	wie vor, Schraube mit Gegenplatte	480,–	246,–
184	wie vor, in Schwarz für ein- und zweimalige Verwundung	160,–	82,–
184/1	wie vor, durchbrochen	280,–	144,–
184/2	wie vor, Schraube mit Gegenplatte	310,–	159,–

Brieftaubenwesen

185	entfällt		
186	Eiserne Medaille, 1918, nt	145,–	74,–

Weimarer Republik
1918–1933

Schlesisches Bewährungsabzeichen »Schlesischer Adler«

			DM	Euro
187	1. Stufe, 1919, Steckabzeichen, geschwärzt oder bräuniert		100,–	51,–

| 188 | 2. Stufe, 1919, am Band, geschwärzt oder bräuniert | | 85,– | 44,– |
| 188/1 | Balkenkranz, Steckkreuz | | 140,– | 72,– |

| 189 | Abzeichen für Verdienste um die Kolonien, 1921 – 1939, Steckabzeichen silberfarben | | 175,– | 90,– |

DM	Euro

190   Kampfwagen-Abzeichen, 1921 – 1923   2.050,–   1.051,–

191   Erinnerungsabzeichen für die Besatzung der
      Heeresluftschiffe, 1920 – 1922   1.500,–   769,–

192   wie vor, für die Besatzungen der
      Marineluftschiffe, 1920 – 1922   1.800,–   923,–

Sportabzeichen

193   Deutsches Turn- und Sportabzeichen in
      Gold, 1913   120,–   62,–

		DM	Euro
194	wie vor, in Bronze, 1913	45,–	23,–
195	wie vor, in Silber, 1920	75,–	38,–
195/1	Deutsches Schwerathletik Sportabzeichen, in Gold, 1925	1.340,–	687,–
195/2	wie vor, in Silber	1.030,–	528,–
195/3	wie vor, in Bronze	730,–	374,–
196	Deutsches Reiter- und Fahrabzeichen, 1916 – 1929	*	

Freie Stadt Danzig

| 197 | Danziger Kreuz 1. Klasse, 1939, Steckkreuz | 2.300,– | 1.179,– |

| 198 | wie vor, 2. Klasse, am Band | 800,– | 410,– |

| 199 | Medaille »Für Rettung aus Lebensgefahr«, 1927 | 2.100,– | 1.077,– |

	DM	Euro

200   Erinnerungszeichen »Verdienst um das
      Feuer-Löschwesen«, 1932   2.000,–   1.026,–

201   Feuerwehr-Ehrenzeichen, 1. Stufe   1.800,–   923,–

202   wie vor, 2. Stufe   1.100,–   564,–

203   Treudienst-Ehrenzeichen für 50 Jahre,
      Sonderstufe   2.000,–   1.026,–

204   wie vor, für 40 Jahre, 1. Stufe   1.400,–   718,–

205   wie vor, für 25 Jahre, 2. Stufe   1.200,–   615,–

206   Polizei-Dienstauszeichnung für 25 Jahre,
      1. Stufe   1.500,–   769,–

	DM	Euro
207 wie vor, für 18 Jahre, 2. Stufe	1.250,–	641,–
208 wie vor, für 8 Jahre, 3. Stufe, Medaille	925,–	474,–
209 Ehrenzeichen des Roten Kreuzes, 1. Modell ohne Hakenkreuz, am Band	1.800,–	923,–
210 wie vor, 2. Modell, mit Hakenkreuz, Steckkreuz	1.400,–	718,–
211 Verdienstkreuz des Roten Kreuzes, 1. Klasse, Steckkreuz	2.000,–	1.026,–
212 wie vor, 2. Klasse, am Band	1.300,–	667,–
213 Jugend-Turn- und Sportabzeichen, in Bronze, 1922	*	
213/1 wie vor, in Silber	*	

	DM	Euro
213/2 Flakkampfabzeichen	3.000,–	1.538,–
214 Ehrennadel der SS-Heimwehr Danzig, emailliert	1.700,–	872,–

Deutsches Reich (Drittes Reich) 1933–1945

	DM	Euro

Verdienstorden vom Deutschen Adler
Deutscher Adlerorden (DAO), Klasseneinteilung
vom 27. Dezember 1943

215   Großkreuz mit Brillanten (Kleinod ohne
      Brillanten), 66 mm   *

216   Goldener Bruststern zum Großkreuz mit
      Brillanten, 91 mm, acht Strahlen   *

217   Goldenes Großkreuz, 66 mm   26.500,–   13.590,–

218   Goldener Bruststern zum Großkreuz,
      91 mm, acht Strahlen   23.100,–   11.846,–

219   Großkreuz, 60 mm, Ring   10.750,–   5.513,–

220   wie vor, an der Agraffe   8.000,–   4.103,–

221   Bruststern zum Großkreuz, 80 mm, acht
      Strahlen   7.500,–   3.846,–

222   Großkreuz mit Schwertern, 60 mm, mit Ring   12.000,–   6.154,–

	DM	Euro
223 wie vor, an der Agraffe	9.300,–	4.769,–

224 Bruststern zum Großkreuz mit Schwertern, 80 mm, acht Strahlen	8.000,–	4.103,–

	DM	Euro
225 DAO 1. Klasse, 50 mm	6.700,–	3.436,–
226 Bruststern zum DAO 1. Klasse, 80 mm, acht Strahlen	7.100,–	3.641,–
227 DAO 1. Klasse mit Schwertern, 50 mm	7.300,–	3.744,–
228 Bruststern zum DAO 1. Klasse mit Schwertern, 80 mm, acht Strahlen	7.600,–	3.897,–
229 DAO 2. Klasse, 50 mm, am Ring, Halsdekoration	1.550,–	795,–
230 wie vor, an der Agraffe	2.600,–	1.333,–

231   Bruststern zum DAO 2. Klasse, 75 mm, sechs
Strahlen   3.400,– 1.744,–

232   DAO 2. Klasse mit Schwertern, 50 mm, nur
mit Agraffe, Halsdekoration   3.200,– 1.641,–

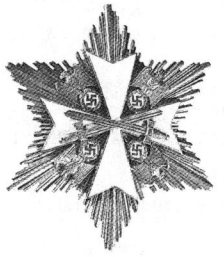

233   Bruststern zum DAO 2. Klasse mit Schwertern,
75 mm, sechs Strahlen   3.500,– 1.795,–
234   DAO 3. Klasse, 50 mm, am Ring, Halsdekoration   1.150,–   590,–
235   wie vor, an der Agraffe   2.600,– 1.333,–

	DM	Euro

236   DAO 3. Klasse mit Schwertern, 50 mm,
      Halsdekoration   2.350,–   1.205,–

237   DAO 4. Klasse, 50 mm, Steckkreuz   2.100,–   1.077,–
238   DAO 4. Klasse mit Schwertern, 50 mm,
      Steckkreuz, Schwerter 34 mm   2.050,–   1.051,–

239   wie vor, Schwerter 38 mm   2.800,–   1.436,–
240   DAO 5. Klasse, 45 mm, am Ring,
      Banddekoration   1.805,–   926,–

241   wie vor, an der Agraffe   1.675,–   859,–

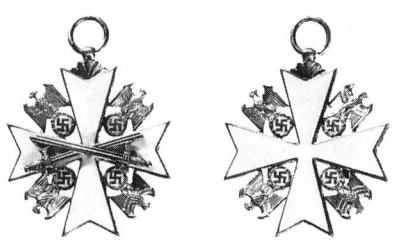

242   DAO 5. Klasse mit Schwertern, 45 mm,
Banddekoration   1.850,–   949,–

243   Deutsche Silberne Verdienstmedaille, 38 mm,
»Frakturschrift«   875,–   449,–

244   wie vor, »Blockschrift«   1.080,–   554,–
245   Deutsche Silberne Verdienstmedaille mit
Schwertern, 38 mm, »Frakturschrift«   1.125,–   577,–

DM Euro

		DM	Euro
246	wie vor, »Blockschrift«	1.500,–	769,–
247	Deutsche Bronzene Verdienstmedaille, 38 mm, »Blockschrift«	600,–	308,–
248	wie vor, mit Schwertern	825,–	423,–

Deutscher Nationalpreis für Kunst und Wissenschaft

249	Schärpe mit Rosette	*

250	Bruststern mit Brillanten	*

Deutsche Orden, 1942 – 1945

251	1. Klasse, Goldenes Kreuz mit Lorbeerkranz und Schwertern, Halsdekoration	*
252	2. Klasse, Goldenes Kreuz, Halsdekoration	*
253	wie vor, mit Eichenlaub und Schwertern, Halsdekoration	*

DM	Euro

254	3. Klasse, Steckkreuz	17.500,–	8.974,–

Zivile Ehrenzeichen

255	Rettungsmedaille am Band, 1937	600,–	308,–
256	Erinnerungsmedaille für Rettung aus Gefahr, nt	875,–	449,–
257	Feuerwehr-Ehrenzeichen 1. Klasse, 1936 – 1938, Steckkreuz, emailliert	2.100,–	1.077,–
258	wie vor, 1. Klasse, ab 1938, am Band, emailliert	800,–	410,–
259	wie vor, 2. Klasse, ab 1936, am Band, emailliert	200,–	103,–

260   entfällt
261   wie vor, 2. Stufe mit goldenem Eichenkranz »40«   *
262   Reichsgrubenwehr-Ehrenzeichen, Steckabzeichen,
        rund, 1936   2.600,–   1.333,–

263   Grubenwehr-Ehrenzeichen, am Band, 1938   500,–   256,–

264   Luftschutz-Ehrenzeichen, 1. Stufe, am Band, 1938   1.050,–   538,–

265   wie vor, 2. Stufe, am Band   70,–   36,–

Mutterkreuz

266   Ehrenkreuz der Deutschen Mutter, 1. Modell,
       1938 – 1939, »Das/Kind adelt/die Mutter«, in Gold   4.000,–   2.051,–

267   wie vor, in Silber   3.500,–   1.795,–
268   wie vor, in Bronze   2.750,–   1.410,–

DM   Euro

		DM	Euro
269	Ehrenkreuz der Deutschen Mutter, 2. Modell, 1939 – 1945, »16./Dezember/1938« in Gold	75,–	38,–
270	wie vor, in Silber	40,–	21,–
271	wie vor, in Bronze	30,–	15,–

Anschlußmedaillen

Österreich

272	Medaille zur Erinnerung an den 13. März 1938	75,–	38,–

	DM	Euro

Sudetenland

273   Medaille zur Erinnerung an den 1. Oktober 1938   55,–   28,–

274   wie vor, mit Spange »Prager Burg«   125,–   64,–

Memelland

275   Medaille zur Erinnerung an die Heimkehr
des Memellandes, 1939   200,–   103,–

DM   Euro

Schutzwall

		DM	Euro
276	Deutsches Schutzwall-Ehrenzeichen, 1939	25,–	13,–
277	Spange »1944« zum Deutschen Schutzwall-Ehren-zeichen, Verleihungen nicht nachgewiesen		*

Dienstauszeichnungen

		DM	Euro
278	Treudienst-Ehrenzeichen, Sonderstufe mit der Zahl »50«, 1938	370,–	190,–
279	wie vor, 1. Stufe für 40 Jahre	50,–	26,–
280	wie vor, mit Eichenlaub, für 50 Dienstjahre, 1944	1.500,–	769,–

DM   Euro

281   wie vor, 2. Stufe für 25 Jahre   30,–   15,–

Polizei

282   Polizei-DA 1. Stufe mit Eichenlaub und der
      Zahl »40«, Verleihungen fraglich   *

283   wie vor, 1. Stufe für 25 Jahre treue Dienst-
      leistungen, Kreuz   200,–   103,–
284   wie vor, 2. Stufe für 18 Jahre, Kreuz   150,–   77,–

DM Euro

285 wie vor, 3. Stufe für 8 Jahre, Medaille   105,–   54,–

Zoll

286 Zollgrenzschutz-Ehrenzeichen, 1939, Kreuz   290,–   149,–

RAD-männlich

287 DA 1. Stufe für 25 Jahre treue Dienstleistung,
     1938, ovale Medaille   900,–   462,–
288 wie vor, 2. Stufe für 18 Jahre treue Dienstleistung 350,–   179,–

		DM	Euro
289	wie vor, 3. Stufe für 12 Jahre treue Dienstleistung	200,–	103,–
290	wie vor, 4. Stufe für 4 Jahre treue Dienstleistung	115,–	59,–

RAD-weiblich

		DM	Euro
291	DA 1. Stufe für 25 Jahre treue Dienstleistung, 1938, ovale Medaille	900,–	462,–
292	wie vor, 2. Stufe für 18 Jahre treue Dienstleistung	470,–	241,–
293	wie vor, 3. Stufe für 12 Jahre treue Dienstleistung	360,–	185,–
294	wie vor, 4. Stufe für 4 Jahre treue Dienstleistung	265,–	136,–

Dienstnadeln

		DM	Euro
295	Dienstnadel für Eisenbahnerinnen, Goldstufe, für 10 Dienstjahre, 1944	1.000,–	513,–
296	wie vor, Silberstufe für 6 Dienstjahre	700,–	359,–
297	wie vor, Bronzestufe für 3 Dienstjahre	460,–	236,–
298	Treudienstnadel für Arbeiter und Angestellte von Heer und Kriegsmarine	280,–	144,–
299	Silberspange für SS-Helferinnen, Leistungs-abzeichen	6.100,–	3.128,–

DM   Euro

Ehrenzeichen des Deutschen Roten Kreuzes

Ausgabe 1922 – 1934

		DM	Euro
300	Ehrenzeichen 1. Klasse, Kreuz, emailliert, Halsdekoration	920,–	472,–
301	wie vor, 2. Klasse, Banddekoration	450,–	231,–

Ausgabe 1934 – 1937

302	Bruststern, vier Strahlen	3.950,–	2.026,–

303	Kreuz 1. Klasse, Halsdekoration	1.700,–	872,–

	DM	Euro

		DM	Euro
304	Verdienstkreuz, Steckkreuz, gewölbt	860,–	441,–
305	Ehrenzeichen am Band, Adler eingelassen	310,–	159,–
306	Ehrenzeichen an der Damenschleife, Adler eingelassen	335,–	172,–

Ausgabe 1937 – 1939

		DM	Euro
307	Großkreuz	8.500,–	4.359,–
308	Bruststern zum Großkreuz, vier Strahlen	10.000,–	5.128,–
309	Kreuz 1. Klasse mit Brillanten	*	

		DM	Euro
310	Kreuz 1. Klasse, Halsdekoration	2.000,–	1.026,–
311	Bruststern zum Kreuz 1. Klasse	*	
312	Verdienstkreuz, Steckkreuz	1.100,–	564,–
313	Kreuz 2. Klasse, am Band	325,–	167,–
314	Ehrenzeichen an der Damenschleife	350,–	179,–
315	Medaille des Deutschen Roten Kreuzes	240,–	123,–
316	Anerkennungsmedaille für 10jährige Dienste	410,–	210,–

		DM	Euro

Ehrenzeichen für Deutsche Volkspflege

		DM	Euro
317	Sonderstufe ohne Schwerter, Halsdekoration		*
318	Bruststern zur Sonderstufe		*
319	1. Stufe, mit Brillanten, Halsdekoration		*

| 320 | 1. Stufe, Halsdekoration | 2.850,– | 1.462,– |

| 321 | 2. Stufe, Steckkreuz | 1.050,– | 538,– |

| 322 | 3. Stufe, am Band | 425,– | 218,– |
| 323 | wie vor, mit Schwertern auf dem Bande | 480,– | 246,– |

DM   Euro

		DM	Euro
324	Medaille, altsilbern patiniert	65,–	33,–
325	wie vor, mit Schwertern auf dem Bande	225,–	115,–

DRK-Schwestern-Kreuze

326	Schwesternkreuz für die Generaloberin	2.600,–	1.333,–

327	wie vor, für Oberinnen, an der goldenen Kette	950,–	487,–

328	wie vor, für Schwestern nach 25 Dienst-jahren, an der silbernen Kette	500,– 256,–
329	wie vor, für Schwestern nach 10 Dienstjahren	325,– 167,–

Sportehrenzeichen

330	Deutsches Olympia-Ehrenzeichen 1. Klasse, 1936, Halsdekoration	3.350,– 1.718,–
331	wie vor, 2. Klasse, am Band	1.000,– 513,–

	DM	Euro

332	wie vor, Erinnerungsmedaille	170,–	87,–
333	Olympia-Siegernadel des Deutschen Reichsbundes für Leibesübungen, Goldstufe	2.150,–	1.103,–
334	wie vor, Silberstufe	1.350,–	692,–
335	wie vor, Bronzestufe	1.050,–	538,–

Reichssportabzeichen

DRA – ohne Hakenkreuz

336	Reichssportabzeichen, bis 1933, in Gold	130,–	67,–
337	wie vor, in Silber	80,–	41,–
338	wie vor, in Bronze	60,–	31,–

		DM	Euro
339	entfällt		
340	entfällt		
341	entfällt		
342	entfällt		

DRL – mit Hakenkreuz

		DM	Euro
343	Reichssportabzeichen in Gold	110,–	56,–
344	wie vor, in Silber	70,–	36,–
345	wie vor, in Bronze	40,–	21,–
346	Versehrten-Sportabzeichen, 1942	275,–	141,–
347	Reichsjugendsportabzeichen für Jungen, ohne Hakenkreuz, Nadel	80,–	41,–
348	wie vor, fünf Mädchen, Brosche	90,–	46,–
349	Reichsjugendsportabzeichen für Jungen, mit Hakenkreuz, Nadel	90,–	46,–
350	wie vor, für Mädchen, Brosche	120,–	62,–

DM   Euro

		DM	Euro
351	Schwerathleten-Abzeichen in Gold	1.250,–	641,–
352	wie vor, in Silber	1.000,–	513,–
353	wie vor, in Bronze	725,–	372,–
354	Medaille des Reichssportführers	250,–	128,–

Meisterschafts- und Leistungsabzeichen DRL/NSRL

1937 und 1938 = DRL
1939 bis 1944 = NSRL

		DM	Euro
355	Meisterschaftsabzeichen, 1937, in Gold	*	
356	wie vor, 1938	*	
357	wie vor, 1939	700,–	359,–
358	wie vor, 1940	700,–	359,–
359	wie vor, 1941	540,–	277,–
360	entfällt		
361	wie vor, 1942	615,–	315,–
362	wie vor, 1943	Sv 680,–	349,–
363	wie vor, 1943	S 455,–	233,–
364	wie vor, 1944	800,–	410,–
365	ohne Jahreszahl	790,–	405,–
366	Leistungsabzeichen, 1937, in Silber	350,–	179,–
367	wie vor, 1938	365,–	187,–
368	wie vor, 1939	330,–	169,–
369	wie vor, 1940	360,–	185,–
370	wie vor, 1941	380,–	195,–
371	wie vor, 1942	380,–	195,–

		DM	Euro
372	wie vor, 1943	370,–	190,–
373	wie vor, 1944	*	
374	ohne Jahreszahl	470,–	241,–
375	Leistungsabzeichen, 1937, in Bronze	220,–	113,–
376	wie vor, 1938	190,–	97,–
377	wie vor, 1939	190,–	97,–
378	wie vor, 1940	190,–	97,–
379	wie vor, 1941	225,–	115,–
380	wie vor, 1942	240,–	123,–
381	wie vor, 1943	230,–	118,–
382	wie vor, 1944	270,–	138,–
383	ohne Jahreszahl	375,–	192,–

Reiterei

		DM	Euro
384	Deutsches Reiterabzeichen 1. Klasse in Gold, ab 1930	865,–	444,–

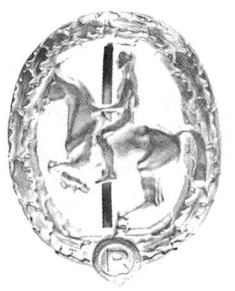

		DM	Euro
385	wie vor, 2. Klasse in Silber	340,–	174,–
386	wie vor, 3. Klasse in Bronze	150,–	77,–
387	wie vor, übergroße Ausführung für Reitställe, schraubbar, nt	450,–	231,–
388	Deutsches Jugend-Reiterabzeichen, 1932	235,–	121,–
389	Deutsches Fahrerabzeichen 1. Klasse in Gold, 1930	550,–	282,–
390	wie vor, 2. Klasse in Silber	420,–	215,–

DM   Euro

391	wie vor, 3. Klasse in Bronze	230,–	118,–
392	Deutsches Pferdepflegerabzeichen 1. Klasse in Gold, 1933	850,–	436,–
393	wie vor, 2. Klasse in Silber	750,–	385,–
394	wie vor, 3. Klasse in Bronze	300,–	154,–
395	Deutsches Reiterführer-Abzeichen, 1937	5.500,–	2.821,–

Motorsport

396	Deutsches Motorsportabzeichen, 1. Stufe in Gold, 1938	4.600,–	2.359,–
397	wie vor, 2. Stufe in Silber	3.800,–	1.949,–
398	wie vor, 3. Stufe in Eisen, patiniert	3.200,–	1.641,–

DM Euro

SA und SS

		DM	Euro
399	SA-Wehrabzeichen in Gold, 1933	380,–	195,–
400	wie vor, in Silber	210,–	108,–
401	wie vor, in Bronze	55,–	28,–

		DM	Euro
402	SA-Wehrabzeichen für Kriegsversehrte, 1943	550,–	282,–
403	entfällt		
404	SA-Reiterführerabzeichen	3.900,–	2.000,–

| 405 | Germanische Leistungsrune in Silber, 1943 | 4.000,– | 2.051,– |
| 406 | wie vor, in Bronze | 2.900,– | 1.487,– |

HJ, Jungvolk, BDM und Jungmädel

HJ-Leistungsabzeichen

407	3. Stufe in Silber, für 17jährige und älter, 1934	120,–	62,–
408	wie vor, 2. Stufe in Bronze für 16jährige	125,–	64,–
409	wie vor, 1. Stufe in Eisen für 15jährige, patiniert	120,–	62,–
410	wie vor, 3. Stufe, Eisenblech-Hohlprägung, erste Ausführung	140,–	72,–
410/1	Leistungsabzeichen des Deutschen Jungvolkes in Silber, 1935	120,–	62,–
410/2	wie vor, patinierte Ausführung, nur 1935 verliehen	380,–	195,–

		DM	Euro
410/3	Schießauszeichnung des Deutschen Jungvolkes, 1939	150,–	77,–
410/4	BDM-Leistungsabzeichen in Silber, 1934	495,–	254,–
410/5	wie vor, in Bronze	250,–	128,–
410/6	Jungmädel-Leistungsabzeichen	525,–	269,–

Sportabzeichen

		DM	Euro
411	Goldenes Führersportabzeichen der HJ, 1937, emailliert	620,–	318,–
411/1	Siegernadel der Reichsjugendführung in Gold, 1939	*	
411/2	wie vor, in Silber	1.800,–	923,–
411/3	wie vor, in Bronze	1.500,–	769,–
411/4	Siegernadel der Reichsjugendführung in Gold, 1940	2.200,–	1.128,–
411/5	wie vor, in Silber	1.800,–	923,–
411/6	wie vor, in Bronze	1.200,–	615,–
411/7	Siegernadel der Reichsjugendführung in Gold, 1941	2.200,–	1.128,–
411/8	wie vor, in Silber	1.800,–	923,–
411/9	wie vor, in Bronze	1.500,–	769,–
412	Goldene Ehrennadel des Deutschen Jugendmeisters, VS »JUGEND-MEISTER«	620,–	318,–

	DM	Euro

413   wie vor, silberne Ehrennadel,
VS »KAMPFSPIELE«   1.200,–   615,–
414   wie vor, bronzene Ehrennadel   1.000,–   513,–
415   HJ-Ehrennadel der Reichssieger, 1. Sieger in Gold 2.000,– 1.026,–
416   wie vor, 2. Sieger in Silber   1.450,–   744,–
417   wie vor, 3. Sieger in Bronze   1.150,–   590,–

Schießauszeichnungen

418   HJ-Schießauszeichnung, 1936   85,–   44,–
419   Schießauszeichnung für Scharfschützen, 1938   185,–   95,–
420   HJ-Schießauszeichnung für Meisterschützen, 1941   700,–   359,–
421   HJ-Skiführerabzeichen   2.800,– 1.436,–

422   entfällt
423   entfällt

 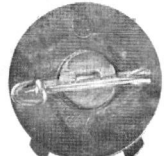

424   entfällt
425   entfällt

426   entfällt

427   entfällt

Tätigkeitsabzeichen der Polizei

		DM	Euro
428	Gendarmerie-Hochalpinistenabzeichen, emailliert	3.600,–	1.846,–
429	Gendarmerie-Alpinistenabzeichen, emailliert	3.775,–	1.936,–

		DM	Euro
430	Polizei-Schiführerabzeichen	3.575,–	1.833,–
431	Polizei-Bergführerabzeichen, emailliert	4.200,–	2.154,–
432	Bergwacht Hilfspolizeiabzeichen, emailliert	3.750,–	1.923,–

Deutscher Luftsport-Verband DLV und Nationalsozialistischer Fliegerkorps NSFK

Freiballonführer

		DM	Euro
433	Abzeichen für Freiballonführer, 1929 – 1932, DLV	*	
434	Abzeichen für Freiballonführer, 1932 – 1933, DLV, in Gold	2.600,–	1.333,–
435	wie vor, in Silber	2.200,–	1.128,–
436	wie vor, in Bronze	2.000,–	1.026,–
437	Abzeichen für Freiballonführer, 1933 – 1938, DLV, VS mit Schwinge und Hakenkreuz	2.000,–	1.026,–

DM   Euro

438   Abzeichen für Freiballonführer,
1938 – 1945, NSFK, VS geflügelter Mensch   2.750,–   1.410,–

Motorflieger

439   Abzeichen für Motorflugzeugführer,
1938 – 1939, NSFK, gestickt   1.800,–   923,–

 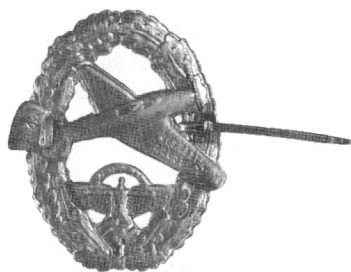

440   wie vor, ab 1939, VS Propellerflugzeug   2.700,–   1.385,–

 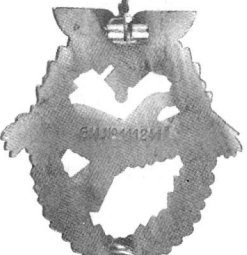

441   wie vor, VS geflügelter Mensch sowie Adler   2.950,–   1.513,–

DM   Euro

Segelflieger

		DM	Euro
442	Großes NSFK-Segelfliegerabzeichen, 1942, emailliert	2.050,–	1.051,–
443	Gleitflieger-Abzeichen, A-Stufe	100,–	51,–
444	Segelflieger-Abzeichen, B-Stufe	125,–	64,–
445	wie vor, C-Stufe	155,–	79,–
446	wie vor, Silber C-Stufe	320,–	164,–
447	wie vor, Gold C-Stufe	580,–	297,–
448	wie vor, Gold C-Stufe mit Brillanten	*	

Modellflug

		DM	Euro
449	NSFK Modellflug-Leistungsabzeichen in Gold, A-Stufe, 1. Modell, hochoval	2.175,–	1.115,–
450	wie vor, in Silber, B-Stufe	1.450,–	744,–
451	wie vor, in Bronze, C-Stufe	1.100,–	564,–
452	NSFK Modellflug-Leistungsabzeichen in Gold, 2. Modell, rund	2.800,–	1.436,–
453	wie vor, in Bronze	2.150,–	1.103,–

NSFK

		DM	Euro
454	Abzeichen für fördernde Mitglieder	70,–	36,–

DLV

		DM	Euro
455	Bordfunkerabzeichen	1.525,–	782,–

		DM	Euro
456	Abzeichen für Flugzeugführer	650,–	333,–

SA

		DM	Euro
457	Bordfunker (Orter)-Abzeichen	850,–	436,–
458	Flugzeugführerabzeichen	700,–	359,–
459	Fliegerabzeichen	*	
460	SA-SS-Fliegerabzeichen	*	

Zivilflug

		DM	Euro
461	Spange für Zivilbeobachter	1.400,–	718,–
462	Spange für Zivilflieger, emailliert	1.800,–	923,–
463	Treueabzeichen der Luftfahrtindustrie	465,–	238,–

Deutsche Akademie für Luftfahrtforschung

		DM	Euro
464	Amtskette der Präsidialmitglieder	*	
465	Abzeichen für ordentliche Mitglieder, Dekoration am Kettchen	7.200,–	3.692,–
466	wie vor, kleine Dekoration, Nadel	1.500,–	769,–

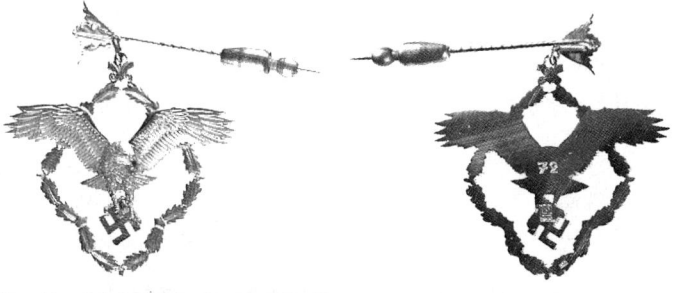

		DM	Euro
467	Abzeichen für fördernde Mitglieder, Dekoration am Kettchen	6.000,–	3.077,–
468	wie vor, kleine Dekoration, Nadel	6.000,–	3.077,–
469	Abzeichen für korrespondierende Mitglieder, Dekoration am Kettchen	4.500,–	2.308,–
470	wie vor, kleine Dekoration, Nadel	780,–	400,–

	DM	Euro

Auszeichnungen der NSDAP

471   Ehrenzeichen vom 9. November 1923,
1. Typ mit Signatur »990/J. FUESS MÜNCHEN«,
1934 – 1938   4.150,–   2.128,–

472   Ehrenzeichen vom 9. November 1923,
2. Typ »800« ohne Signatur, ab 1938   3.600,–   1.846,–

473   NSDAP-Verdienstabzeichen, schwarzer Stoff mit
gesticker Jahreszahl, 60 x 100 mm, gestiftet 1931

	DM	Euro
»1923«	250,–	128,–
»1925«	130,–	67,–
»1926«	125,–	64,–
»1927«	115,–	59,–
»1928«	100,–	51,–
»1929«	100,–	51,–
»1930«	90,–	46,–
»1931«	85,–	44,–

	DM	Euro
»1932«	80,–	41,–
»1933«	90,–	46,–

Goldenes Ehrenzeichen der NSDAP – 30 mm

		DM	Euro
474	Goldenes Ehrenzeichen der NSDAP/1933, verbödet, Broschierung senkrecht, oberes Drittel: GES.GESCH.	700,–	359,–
475	wie vor, Broschierung waagerecht, Mitgliedsnummer unten	625,–	321,–
476	wie vor, Broschierung waagerecht, darauf DESCHLER SOHN/MÜNCHEN 9	550,–	282,–
477	wie vor, verbödet, Broschierung senkrecht, oberes Drittel GES.GESCH. Gravur A. Hitler und Datum	2.100,–	1.077,–

Goldenes Ehrenzeichen der NSDAP – 24 mm

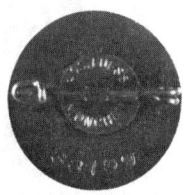

		DM	Euro
478	Broschierung waagerecht, JOS.FUESS/MÜNCHEN	450,–	231,–
479	wie vor, verbödet, Broschierung senkrecht, oberes Drittel GES.GESCH.	415,–	213,–

	DM	Euro

480   wie vor, verbödet, Broschierung waagerecht,
        untere Hälfte Datum und A. Hitler   1.750,–   897,–

481   Parteiabzeichen in Gold für Ausländer   3.100,–   1.590,–

482   Frontbannabzeichen, 1932, patiniert   1.200,–   615,–

483   Gau-München, Erinnerungsabzeichen, 1939   180,–   92,–

484   Coburger Abzeichen, 1932, Steckabzeichen   4.000,–   2.051,–
484/1 wie vor, Hakenkreuz emailliert   *

DM Euro

Parteitag Nürnberg

			DM	Euro
485	Nürnberger Parteitagsabzeichen 1929, hohl gepresste Ausführung		270,–	138,–
486	wie vor, massive Ausführung, ab 1934		220,–	113,–
487	wie vor, vergoldete Ausführung		295,–	151,–
488	wie vor, versilberte oder bräunierte Ausführung		225,–	115,–
489	wie vor, massive Ausführung, feldgrau		300,–	154,–
490	wie vor, 35 mm, nt		420,–	215,–

SA-Treffen Braunschweig 1931

		DM	Euro
491	ovaler Schild, hohl gepresst	925,–	474,–

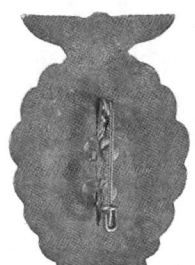

		DM	Euro
492	wie vor, massive Ausführung	190,–	97,–
493	wie vor, rundes Abzeichen, hohl gepresst, RS querliegende Broschierung	595,–	305,–

494   Gau-Abzeichen für die Mitgliedschaft in der NSDAP,
      seit 1923 Gaue: Sachsen, Bayerische Ostmark, Franken,
      Halle-Merseburg, Hessen-Nassau, Magdeburg-
      Anhalt, Mecklenburg und Lübeck   2.200,–   1.128,–

495   wie vor, für die Mitgliedschaft in der NSDAP,
      seit 1925   2.100,–   1.077,–

Berlin

496   Gau-Traditionsabzeichen, 1936, in Gold   3.800,–   1.949,–

 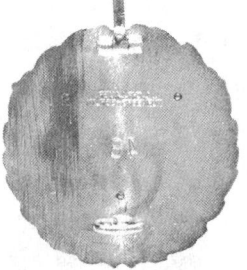

497   wie vor, in Silber   3.625,–   1.859,–

	DM	Euro

Essen

498 Gau-Traditionsabzeichen, 1935, in Gold   *

499 wie vor, in Silber   2.150,– 1.103,–

Ostpreußen

500 Gau-Ehrenzeichen, 1938, patiniert   3.000,– 1.538,–

Danzig-Westpreußen

501 Traditions-Gau-Abzeichen, 1939,
    zwei Ausführungen   3.800,– 1.949,–

	DM	Euro

Baden

502   Gau-Ehrenzeichen, 1933, in Gold, oval   2.800,– 1.436,–

503	wie vor, in Silber	2.250,–	1.154,–
504	wie vor, als Brosche für Frauen, in Gold	2.400,–	1.231,–
505	wie vor, in Silber	2.100,–	1.077,–
506	wie vor, runde Ausführung in Gold, 27 mm	2.300,–	1.179,–
507	wie vor, in Silber	1.650,–	846,–

Thüringen

508   Traditions-Gau-Abzeichen in Gold   4.900,– 2.513,–

| 509 | wie vor, in Silber | 3.350,– | 1.718,– |
| 510 | wie vor, in Bronze | 2.600,– | 1.333,– |

DM   Euro

Osthannover

		DM	Euro
511	Traditionsabzeichen in Gold, 1933	3.500,–	1.795,–
512	wie vor, in Silber, patiniert	2.650,–	1.359,–
513	wie vor, in Bronze, altgetönt	1.200,–	615,–

Wartheland

514	Gau-Traditionsabzeichen, 1939/1940, emailliert	6.400,–	3.282,–
515	wie vor, verkleinerte Ausführung, 24 mm	1.300,–	667,–
516	wie vor, mit Brillanten	*	

Sudetenland

517	Gau-Ehrenzeichen, 1943, patiniert	4.200,–	2.154,–

Weser-Ems

518	Ehrenschild	*	

Dienstauszeichnungen der NSDAP

519   DA in Bronze, 1. Stufe, 1939   155,–   79,–

520   DA in Silber, 2. Stufe, emailliert   385,–   197,–

521   DA in Gold, 3. Stufe, emailliert   2.250,–   1.154,–

	DM	Euro

Hitlerjugend

522 HJ-Ehrenzeichen, glatter goldener Rand,
emailliert   245,–   126,–
523 wie vor, Sonderstufe mit Brillanten und
Rubinen   *
524 wie vor, mit goldenem Eichenlaubrand,
emailliert   4.000,– 2.051,–

525 Ehrenzeichen der Reichsjugendführung der
HJ für verdiente Ausländer, emailliert   2.300,– 1.179,–

526 Potsdam-Abzeichen, 1932, in Silber   210,–   108,–
527 entfällt
528 Traditionsabzeichen »SCHARNHORST«   *
529 Ehrenzeichen des Jungsturmes Adolf Hitler, 1933 7.500,– 3.846,–
530 Silbernes Ehrenzeichen des NS-Studentenbundes,
1934, emailliert   800,–   410,–

	DM	Euro

Reichssieger/Berufswettkampf

531 Siegerabzeichen für 1938, emailliert   2.100,– 1.077,–

532 wie vor, 1939, emailliert   2.000,– 1.026,–

533 wie vor, 1944, ausgemalt   2.100,– 1.077,–

DM Euro

Gausieger/Berufswettkampf

534 Siegerabzeichen für 1938, emailliert   550,–   282,–

535 wie vor, 1939, emailliert   580,–   297,–

536 wie vor, 1944, ausgemalt   700,–   359,–

	DM	Euro

Kreissieger/Berufswettkampf

537   Siegerabzeichen für 1938, emailliert   290,–   149,–

538   wie vor, 1939, emailliert   310,–   159,–
538/1 wie vor, 1944, ausgemalt   400,–   205,–

539   Ehrenplakette für Mitglieder des Reichs-
        Kultursenats, 1936, emailliert   6.900,–   3.538,–
540   wie vor, verkleinerte Ausführung an der Nadel   1.150,–   590,–

Wirtschaft

		DM	Euro
541	Dr. Ing. Fritz-Todt-Preis in Gold, 1943	5.500,–	2.821,–
542	wie vor, in Silber, patiniert	2.100,–	1.077,–
543	wie vor, in Stahl, bräuniert	1.850,–	949,–
543/1	Dr. Fritz-Todt-Preis in Gold	5.500,–	2.821,–
543/2	wie vor, in Silber	2.800,–	1.436,–
543/3	wie vor, in Eisen	2.400,–	1.231,–

544	Pionier der Arbeit, 1940, emailliert	*	

545	Wehrwirtschaftsführer, 1939	1.200,–	615,–

		DM	Euro
546	Ehrenzeichen des Reichsnährstandes in Gold	1.055,–	541,–
547	wie vor, in Silber	440,–	226,–

Technische Nothilfe

		DM	Euro
548	Goldenes Nothelferzeichen, Nadel, 1928	100,–	51,–
549	Goldene Nothelfernadel mit Kranz	205,–	105,–

550	Ehrenzeichen der Technischen Nothilfe,		
	1935 – 1936, emailliert, mit der Jahreszahl 1919	850,–	436,–
551	wie vor, 1920	800,–	410,–
552	wie vor, 1921	740,–	379,–

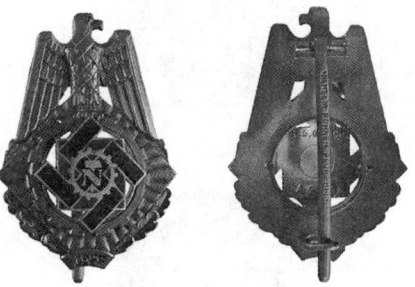

553	wie vor, 1922	700,–	359,–
554	wie vor, 1923	625,–	321,–
555	TeNo Jahresärmelband, Goldfaden gewebt, schwarze Unterlage, 1936 – 1944 mit der Jahreszahl 1919	620,–	318,–

		DM	Euro
556	wie vor, 1920	610,–	313,–
557	wie vor, 1921	560,–	287,–
558	wie vor, 1922	580,–	297,–
559	wie vor, 1923	450,–	231,–
560	wie vor, 1924	400,–	205,–
561	wie vor, 1925	400,–	205,–

Militärische Ehrenzeichen

Ehrenkreuz des Weltkrieges 1914 – 1918

562	Ehrenkreuz für Frontkämpfer, 1934, brüniert, mit Schwertern	5,–	3,–
563	wie vor, für Kriegsteilnehmer, brüniert, ohne Schwerter	10,–	5,–
564	wie vor, für die Witwen und Eltern gefallener Kriegsteilnehmer, geschwärzt	25,–	13,–

Spanischer Bürgerkrieg 1936 – 1939

565	Spanienkreuz in Gold mit Schwertern und Brillanten	38.500,–	19.744,–

	DM	Euro

566 Spanienkreuz in Gold mit Schwertern   3.100,– 1.590,–
567 Spanienkreuz in Silber mit Schwertern   1.750,–   897,–

568 Spanienkreuz in Silber   2.600,– 1.333,–
569 Spanienkreuz in Bronze mit Schwertern   700,–   359,–
570 Spanienkreuz in Bronze   670,–   344,–

571 Ehrenkreuz für Hinterbliebene deutscher
     Spanienkämpfer   3.350,– 1.718,–

	DM	Euro

572 Panzertruppenabzeichen der Legion Condor, in Gold *

573 wie vor, in Silber   4.600,– 2.359,–

574 Verwundetenabzeichen für deutsche Freiwillige im spanischen Freiheitskampf, in Gold, 1939, nicht verliehen   *

575 wie vor, in Silber   *

576 wie vor, in Schwarz   *

Eisernes Kreuz 1939 – 1945

577 Großkreuz des Eisernen Kreuzes   *

578 Bruststern zum Großkreuz, nicht verliehen   *

579 Ritterkreuz mit goldenem Eichenlaub, Schwertern und Brillanten   *

580 Ritterkreuz mit Eichenlaub, Schwertern und Brillanten   55.000,– 28.205,–

	DM	Euro
581 Eichenlaub mit Schwertern	13.000,–	6.667,–

| 582 Eichenlaub | 9.000,– | 4.615,– |

583 Ritterkreuz	7.200,–	3.692,–
584 Eisernes Kreuz 1. Klasse, flache Form, Nadel	160,–	82,–
585 wie vor, gewölbte Form, Nadel	260,–	133,–

| 586 Eisernes Kreuz 1. Klasse, Schraube mit Gegenplatte | 180,– | 92,– |

DM   Euro

587   Spange »1939« zum Eisernen Kreuz 1. Klasse
      1914, Nadel   380,–   195,–
588   wie vor, Schraube mit Gegenplatte   520,–   267,–

589   Eisernes Kreuz 1. Klasse 1914 mit angeprägter
      Spange »1939«   2.000,– 1.026,–

590   Eisernes Kreuz 2. Klasse   80,–   41,–

	DM	Euro

591   Spange »1939« zum Eisernen Kreuz 2. Klasse
       1914, Splinte   150,–   77,–

Kriegsdenkmünze

592   Kriegsdenkmünze 1939 – 1940   3.500,– 1.795,–
593   Kriegsdenkmünze 1939 – 1941   3.500,– 1.795,–
       Nr. 592 und 593 nicht verliehen

Kriegsverdienstkreuz

594   Goldenes Ritterkreuz mit Schwertern   *
595   Goldenes Ritterkreuz   *

DM	Euro

| 596 | Ritterkreuz mit Schwertern | 4.500,– | 2.308,– |
| 597 | Ritterkreuz | 5.400,– | 2.769,– |

598	Kreuz 1. Klasse mit Schwertern, Nadel	150,–	77,–
599	wie vor, Schraube mit Gegenplatte	180,–	92,–
600	Kreuz 1. Klasse, Nadel	170,–	87,–

| 601 | wie vor, Schraube mit Gegenplatte | 220,– | 113,– |

	DM	Euro

		DM	Euro
602	Kreuz 2. Klasse mit Schwertern	25,–	13,–
603	Kreuz 2. Klasse	25,–	13,–

		DM	Euro
604	Medaille zum KVK, patiniert	20,–	10,–

Deutsches Kreuz

605   Deutsches Kreuz in Gold mit Brillanten,
nicht verliehen

		DM	Euro
606	Deutsches Kreuz in Gold	2.000,–	1.026,–
607	Deutsches Kreuz in Silber	4.100,–	2.103,–

	DM	Euro

Ehrenblattspangen

| 608 | Ehrenblattspange des Heeres | 2.300,– | 1.179,– |

| 609 | Ehrenblattspange der Luftwaffe | 2.900,– | 1.487,– |

| 610 | Ehrentafelspange der Marine | 3.400,– | 1.744,– |

Verwundetenabzeichen

611	Verwundetenabzeichen in Gold, 1. Form, 1939/40	560,–	287,–
612	wie vor, in Silber	300,–	154,–
613	wie vor, in Schwarz	170,–	87,–

	DM	Euro

614   Verwundetenabzeichen in Gold, 2. Form,
         1940, massiv   140,–   72,–

615   wie vor, in Silber massiv   60,–   31,–
616   wie vor, in Schwarz, hohl gepresst,
         geschwärzt   35,–   18,–

Verwundetenabzeichen »20. Juli 1944«

617   in Gold, massiv   30.000,– 15.385,–
618   in Silber, massiv   25.000,– 12.821,–
619   in Schwarz, massiv   20.000,– 10.256,–

Winterschlacht

620   Medaille Winterschlacht im Osten
         1941/42, patiniert   35,–   18,–

**Dienstauszeichnungen Heer und Marine,
Wehrmachtadler auf dem Band, in Metall**

621   DA 1. Klasse mit goldenem Eichenlaub auf
       dem Band für 40 Dienstjahre   750,–   385,–

622   DA 1. Klasse für 25 Dienstjahre   265,–   136,–

623   DA 2. Klasse für 18 Dienstjahre   200,–   103,–

624   DA 3. Klasse für 12 Dienstjahre   80,–   41,–

DM   Euro

625   DA 4. Klasse für 4 Dienstjahre   55,–   28,–

**Dienstauszeichnungen Luftwaffe,
Luftwaffenadler auf dem Band, in Metall**

626   DA 1. Klasse mit goldenem Eichenlaub
     auf dem Band für 40 Dienstjahre, Kreuz   760,–   390,–
627   DA 1. Klasse für 25 Dienstjahre, Kreuz   280,–   144,–
628   DA 2. Klasse für 18 Dienstjahre, Kreuz   205,–   105,–

		DM	Euro
629	DA 3. Klasse für 12 Dienstjahre	85,–	44,–
630	DA 4. Klasse für 4 Dienstjahre, Medaille Hoheitszeichen in der Farbe des Kreuzes bzw. der Medaille	70,–	36,–

SS-Dienstauszeichnungen, SS-Runen auf dem Band, gestickt

631	DA 1. Stufe nach 25jähriger Dienstleistung, Hakenkreuz	5.200,–	2.667,–
632	DA 2. Stufe nach 12jähriger Dienstleistung, Hakenkreuz	2.300,–	1.179,–

633	DA 3. Stufe nach 8jähriger Dienstleistung, getönt	620,–	318,–

	DM	Euro

634   DA 4. Stufe nach 4jähriger Dienstleistung,
Medaille, geschwärzt   445,–   228,–
Runen auf dem Band:
1. Stufe vergoldeter Metallfaden
2. Stufe alusilberner Metallfaden

Kampfabzeichen der Wehrmacht

Narvik

635   Ärmelschild in Silber für Heer und Luftwaffe   300,–   154,–

636   wie vor, in feldgrauem Anstrich   280,–   144,–
637   wie vor, in Gold für die Marine   335,–   172,–

Cholm

638   Ärmelschild, silbergrau, 1942   900,–   462,–

	DM	Euro
639 wie vor, feldgrau gespritzt, 1944	950,–	487,–

Krim

640 Ärmelschild in Gold   *

641 wie vor, stiftungsmäßige Ausführung
in Eisen oder Kriegsmetall   120,–   62,–

Demjansk

| 642 Ärmelschild, silbergrau, patiniert | 210,– | 108,– |
| 643 wie vor, olivgrau oder feldgrau getönt | 230,– | 118,– |

Kuban

644   Ärmelschild   180,–   92,–

Warschau

645   Ärmelschild, nicht verliehen   *

Lappland

646   Ärmelschild   550,–   282,–

	DM	Euro

Lorient

| 647 | Ärmelschild, 1. Entwurf mit Wehrmachtsadler, nicht offiziell | 2.000,– | 1.026,– |
| 648 | wie vor, 2. Entwurf mit Luftwaffenadler | 2.450,– | 1.256,– |

Ärmelbänder

| 649 | Ärmelband »Kreta«, Filzstoff mit Kunstseide | 340,– | 174,– |

650	Ärmelband »Afrika«, brauner Filz, Alu-Tresse	310,–	159,–
651	wie vor, Leinen, khakibraun, silbergraue Baumwoll-Tresse	290,–	149,–
652	für die Kriegsmarine, dunkelblaues Tuch, gelbe Stickerei	460,–	236,–
653	Ärmelband »Metz 1944«, schwarzer Stoff, Metallfadenstickerei	2.850,–	1.462,–
654	Ärmelbland »Kurland«, Nesselstoff ungebleicht, Schrift schwarz gestickt, RS hellblaugrau	790,–	405,–
655	wie vor, Leinen bedruckt	700,–	359,–
	Weitere Stoff- und Beschriftungsarten möglich		

DM   Euro

Fahrwesen

		DM	Euro
656	Kraftfahrbewährungsabzeichen in Gold, 1942	95,–	49,–
657	wie vor, in Silber	55,–	28,–
658	wie vor, in Bronze	45,–	23,–

Kampf- und Tätigkeitsabzeichen des Heeres

		DM	Euro
659	Nahkampfspange in Gold, 3. Stufe für 50 Nahkampftage	2.900,–	1.487,–
660	wie vor, mit Gegenhäkchen	9.000,–	4.615,–
661	wie vor, in Silber, 2. Stufe für 30 Nahkampftage	400,–	205,–

		DM	Euro
662	wie vor, in Bronze, 1. Stufe für 15 Nahkampftage	300,–	154,–

		DM	Euro

Infanterie-Sturmabzeichen

		DM	Euro
663	in Silber	65,–	33,–
664	wie vor, Hohlprägung	70,–	36,–
665	wie vor, in Bronze	110,–	56,–
666	wie vor, Hohlprägung	90,–	46,–

Allgemeines Sturmabzeichen

		DM	Euro
667	Sturmabzeichen mit der Einsatzzahl »100«	4.400,–	2.256,–
668	wie vor, mit der Einsatzzahl »75«	3.350,–	1.718,–

		DM	Euro
669	wie vor, mit der Einsatzzahl »50«	1.400,–	718,–
670	wie vor, mit der Einsatzzahl »25«	1.000,–	513,–

DM   Euro

		DM	Euro
671	wie vor, ohne Einsatzzahl	75,–	38,–
672	wie vor, Hohlprägung	90,–	46,–
673	wie vor, Schraube mit Gegenplatte	190,–	97,–

Panzerkampfabzeichen

Ausführung in Silber

674	Panzerkampfabzeichen mit der Einsatzzahl »100«	4.200,–	2.154,–
675	wie vor, mit der Einsatzzahl »75«	3.200,–	1.641,–

676	wie vor, mit der Einsatzzahl »50«	1.500,–	769,–
677	wie vor, mit der Einsatzzahl »25«	1.050,–	538,–

	DM	Euro

		DM	Euro
678	wie vor, ohne Einsatzzahl	115,–	59,–
679	wie vor, Hohlprägung	110,–	56,–

Ausführung in Bronze

		DM	Euro
680	Panzerkampfabzeichen mit der Einsatzzahl »100«	7.000,–	3.590,–

		DM	Euro
681	wie vor, mit der Einsatzzahl »75«	5.100,–	2.615,–

		DM	Euro
682	wie vor, mit der Einsatzzahl »50«	2.250,–	1.154,–

	DM	Euro
683 wie vor, mit der Einsatzzahl »25«	1.750,–	897,–

	DM	Euro
684 wie vor, ohne Einsatzzahl	130,–	67,–
685 wie vor, Hohlprägung	130,–	67,–

	DM	Euro
686 Heeres-Flakabzeichen, brüniert	360,–	185,–

	DM	Euro
687 Fallschirmschützen-Abzeichen des Heeres, Silber	8.000,–	4.103,–
687/1 wie vor, Aluminium	1.700,–	872,–

	DM	Euro

Panzervernichtung

688   Sonderabzeichen für das Niederkämpfen von
Panzerkampfwagen durch Einzelkämpfer, in Gold   2.100,–   1.077,–

689   wie vor, in Schwarz   320,–   164,–

Tieffliegervernichtung

690   Tieffliegervernichtungsabzeichen in Gold   *

691   wie vor, in Schwarz   3.800,–   1.949,–

Ballonbeobachter

692   Ballonbeobachterabzeichen in Gold, 3. Stufe   *
693   wie vor, in Silber, 2. Stufe   8.500,–   4.359,–

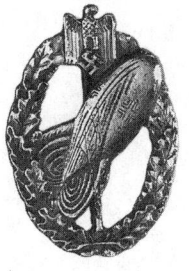

694   wie vor, in Bronze, 3. Stufe   4.900,–   2.513,–

	DM	Euro

Scharfschützen

695	Scharfschützenabzeichen 1. Stufe, gestickt, ohne Kordel	2.000,–	1.026,–
696	wie vor, 2. Stufe, gestickt, mit silberner Kordel	2.500,–	1.282,–
697	wie vor, 3. Stufe, gestickt	4.000,–	2.051,–

Heeresbergführer

| 698 | Abzeichen für Heeresbergführer | 2.800,– | 1.436,– |

Kampf- und Tätigkeitsabzeichen der Kriegsmarine

699	U-Boots-Frontspange in Silber	1.400,–	718,–
700	wie vor, in Bronze	850,–	436,–

U-Boots-Kriegsabzeichen

| 701 | U-Boots-Kriegsabzeichen mit Brillanten für den BdU Großadmiral Dönitz, Loorbeerkranz und Hakenkreuz mit Brillanten | * |

702   wie vor, mit Brillanten, nur das Hakenkreuz besetzt   32.500,– 16.667,–

703   U-Boot-Kriegsabzeichen   460,–   236,–

704   Zerstörer-Kriegsabzeichen   350,–   179,–

705 Zerstörer-Kriegsabzeichen mit Brillanten,
     nur Hakenkreuz mit Brillanten   *

706 Minensucher-Kriegsabzeichen, U-Boots-
     Jagd- und Sicherungsverbände   230,–   118,–
707 wie vor, mit Brillanten   *

708 Hilfskreuzer-Kriegsabzeichen mit Brillanten,
     nur Hakenkreuz mit Brillanten

DM	Euro

709 Hilfskreuzer-Kriegsabzeichen   600,–   308,–
710 Flotten-Kriegsabzeichen mit Brillanten,
     nur Hakenkreuz mit Brillanten   *

711 Flotten-Kriegsabzeichen   410,–   210,–
711/1 wie vor, mit Brillanten   *

712 Schnellboot-Kriegsabzeichen, 1. Modell, 1941,
     Schnellboot mit Kranz   1.350,–   692,–

713   entfällt

714   wie vor, 2. Modell, 1943, Schnellboot ragt
      über den Kranz heraus   670,–   344,–

715   wie vor, mit Brillanten, nur Hakenkreuz
      mit Brillanten   30.000,– 15.385,–

716   Kriegsabzeichen für die Marine-Artillerie   300,–   154,–

DM Euro

717 Abzeichen für Blockadebrecher, patiniert   380,–   195,–

718 Marine-Frontspange, Exemplare aus Bordmitteln   625,–   321,–

Kleinkampfmittel

719 Kampfabzeichen der Kleinkampfmittel, 1. Stufe
goldener, gestickter Sägefisch in ebensolchem
Tauwerk   1.250,–   641,–

720 wie vor, 2. Stufe, goldener, gestickter Sägefisch
in ebensolchem Tauwerk, ein Schwert   1.400,–   718,–

721 wie vor, 3. Stufe, goldener, gestickter Sägefisch
in ebensolchem Tauwerk, zwei gekreuzte Schwerter   1.950,–   1.000,–

722 wie vor, 4. Stufe, goldener, gestickter Sägefisch
in ebensolchem Tauwerk, drei gekreuzte Schwerter   2.100,–   1.077,–

723 wie vor, 5. Stufe, Spange mit querliegendem
Sägefisch auf Tauwerk, Verleihungen fraglich   *

724 wie vor, 6. Stufe, Verleihungen fraglich   *

725 wie vor, 7. Stufe, Verleihungen fraglich   *

726 Bewährungsabzeichen der Kleinkampfmittel,
goldener, gestickter Sägefisch   1.150,–   590,–

727 Westwerft-Leistungsabzeichen   420,–   215,–

DM   Euro

Kampf- und Tätigkeitsabzeichen der Luftwaffe

Frontflugspangen der Luftwaffe Jäger/Tagjäger

		DM	Euro
728	Spange in Gold mit Brillanten	*	
729	Spange in Gold mit Anhänger und Einsatzzahl	1.450,–	744,–
730	Spange in Gold mit Anhänger	1.500,–	769,–
731	Spange in Gold, Pfeil altsilbern	1.050,–	538,–

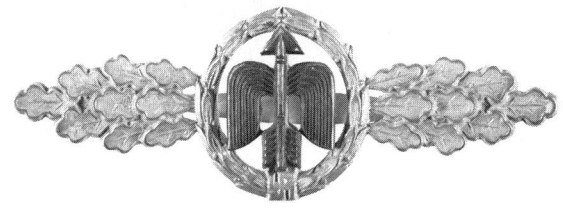

		DM	Euro
732	Spange in Silber, Pfeil altsilbern	750,–	385,–
733	Spange in Bronze, Pfeil altsilbern	480,–	246,–

Nah-Nachtjäger, Lorbeerkranz schwarz

734	Spange in Gold mit Anhänger und Einsatzzahl	*	

		DM	Euro
735	Spange in Gold mit Anhänger	2.000,–	1.026,–
736	Spange in Gold	1.200,–	615,–
737	Spange in Silber	900,–	462,–
738	Spange in Bronze	700,–	359,–

	DM	Euro

Fern-Nachtjäger

		DM	Euro
739	Spange in Gold mit Anhänger und Einsatzzahl	2.550,–	1.308,–
740	Spange in Gold mit Anhänger	1.700,–	872,–

		DM	Euro
741	Spange in Gold	1.100,–	564,–
742	Spange in Silber	900,–	462,–
743	Spange in Bronze	700,–	359,–

Zerstörer

		DM	Euro
744	Spange in Gold mit Anhänger und Einsatzzahl	2.900,–	1.487,–
745	Spange in Gold mit Anhänger	2.300,–	1.179,–
746	Spange in Gold	1.300,–	667,–
747	Spange in Silber	900,–	462,–

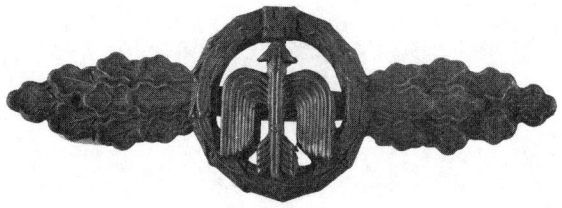

		DM	Euro
748	Spange in Bronze	760,–	390,–

DM   Euro

Kampf- und Sturzkampfflieger

		DM	Euro
749	Spange in Gold mit Anhänger und Einsatzzahl	*	
750	Spange in Gold mit Anhänger	1.150,–	590,–
751	Spange in Gold, Auflage altsilbern	700,–	359,–
752	Spange in Silber	500,–	256,–
753	Spange in Bronze	460,–	236,–

Aufklärer

		DM	Euro
754	Spange in Gold mit Anhänger und Einsatzzahl	*	

		DM	Euro
755	Spange in Gold mit Anhänger	1.200,–	615,–
756	Spange in Gold, Auflage altsilbern	750,–	385,–
757	Spange in Silber, Auflage altsilbern	550,–	282,–
758	Spange in Bronze, Auflage altsilbern	520,–	267,–

DM   Euro

Transport- und Luftlandeflieger

		DM	Euro
759	Spange in Gold mit Anhänger und Einsatzzahl	1.650,–	846,–
760	Spange in Gold mit Anhänger	1.200,–	615,–
761	Spange in Gold, Auflage altsilbern	750,–	385,–
762	Spange in Silber, Auflage altsilbern	660,–	338,–
763	Spange in Bronze, Auflage altsilbern	580,–	297,–

Schlachtflieger

		DM	Euro
764	Spange in Gold mit Brillanten und Einsatzzahl »2000«	*	
765	Spange in Gold mit Anhänger und Einsatzzahl	*	
766	Spange in Gold mit Anhänger	2.275,–	1.167,–

		DM	Euro
767	Spange in Gold	1.400,–	718,–
768	Spange in Silber	925,–	474,–
769	Spange in Bronze	715,–	367,–

DM Euro

Kampfabzeichen der Luftwaffe

770 Kampfabzeichen der Flakartillerie   315,–   162,–

Erdkampfabzeichen

771 Erdkampfabzeichen der Luftwaffe mit
     Einsatzzahl »100«
772 wie vor, mit der Einsatzzahl »75«   *
773 wie vor, mit der Einsatzzahl »50«   *
774 wie vor, mit der Einsatzzahl »25«   *

775 wie vor, ohne Einsatzzahl   200,–   103,–

	DM	Euro

Nahkampfspange

776 Nahkampfspange der Luftwaffe in Gold,
3. Stufe, für 50 Nahkampftage   *

777 wie vor, in Silber, 2. Stufe,
für 30 Nahkampftage   *

778 wie vor, in Bronze, 1. Stufe,
für 15 Nahkampftage   *

Panzerkampfabzeichen der Luftwaffe

Ausführung in Silber

779 Panzerkampfabzeichen der Luftwaffe mit Einsatzzahl »100«   *

780 wie vor, mit der Einsatzzahl »75«   *

781 wie vor, mit der Einsatzzahl »50«   *

782 wie vor, mit der Einsatzzahl »25«   *

783 wie vor, ohne Einsatzzahl   2.100,– 1.077,–

Ausführung in Schwarz

784 Panzerkampfabzeichen der Luftwaffe mit Einsatzzahl »100«   *

785 wie vor, mit der Einsatzzahl »75«   *

786 wie vor, mit der Einsatzzahl »50«   *

787 wie vor, mit der Einsatzzahl »25«   *

788 wie vor, ohne Einsatzzahl   2.300,– 1.179,–

DM Euro

789 Seekampfabzeichen der Luftwaffe   *

Tätigkeits- und Leistungsabzeichen der Luftwaffe

Flugzeugführerabzeichen

790 entfällt

		DM	Euro
791	Ausführung 1936, Kranz vs, Adler mit Hakenkreuz altsilbern	690,–	354,–
792	Ausführung 1937, Kranz naturfarbig eloxiert, Adler mit Hakenkreuz silbern oxydiert	540,–	277,–

Beobachterabzeichen

		DM	Euro
793	Ausführung 1936, Kranz vs, Adler mit Hakenkreuz altsilbern oxydiert	780,–	400,–

	DM	Euro

794   Ausführung 1937, Kranz naturfarbig eloxiert,
Adler mit Hakenkreuz altsilbern oxydiert   600,–   308,–

Gemeinsames Flugzeugführer- und Beobachterabzeichen

795   1. Modell 1935, patiniert   *
796   wie vor, in Gold mit Brillanten, 2. Modell,
1. Ausgabe mit weißen Saphiren   *

Gemeinsames Flugzeugführer- und Beobachterabzeichen

797   wie vor, 2. Ausgabe, Kranz Sv, Adler mit
Hakenkreuz S, Steine Simili   35.000,– 17.949,–
798   Ausführung als Brosche mit langer Quernadel,
diese mit Brillanten, 1944   *
799   Ausführung 1936, Kranz vg. Adler und
Hakenkreuz silbern   1.400,–   718,–

DM Euro

800 wie vor, Ausführung 1937, Kranz goldfarbig,
Adler und Hakenkreuz alufarbig   1.550,–   795,–

Fliegerschützenabzeichen

801 mit Blitzbündel, 1935, Kranz vs. Adler und
Blitzbündel altsilbern patiniert   540,–   277,–
802 wie vor, ohne Blitzbündel, 1942   640,–   328,–

803 wie vor, mit amtlich entferntem Blitzbündel
der Nr. 801   640,–   328,–

	DM	Euro

804 wie vor, ohne Blitzbündel, mit schwarzem
Kranz, 1944   1.125,–   577,–

Fallschirmschützen-Abzeichen

805 Ausführung 1936, Kranz altsilbern oxydiert,
Adler und Hakenkreuz vg   460,–   236,–

806 wie vor, Ausführung 1937, Kranz altsilbern oxydiert,
Adler und Hakenkreuz goldfarbig eloxiert   580,–   297,–

807 wie vor, mit Brillanten   *

DM Euro

Segelflugzeugführer-Abzeichen

		DM	Euro
808	Segelflugzeugführer-Abzeichen, 1. Form	2.550,–	1.308,–
809	1940, Kranz und Hakenkreuz hell vs, Adler silbergrau patiniert	2.200,–	1.128,–

Flieger-Erinnerungsabzeichen

810	Ausführung 1936, Kranz und Hakenkreuz vs., Felsblock und Adler altsilbern oxydiert	2.650,–	1.359,–
811	wie vor, Ausführung 1937, Kranz und Haken- kreuz naturfarbig eloxiert, Felsblock und Adler altsilbern oxydiert	2.950,–	1.513,–

Heimat-Flakartillerie

812	Zivilabzeichen	640,–	328,–

DM	Euro

Nicht tragbare Auszeichnungen der Luftwaffe

813   Ehrenpokal für besondere Leistungen im
      Luftkrieg 1940   6.500,–   3.333,–

814   Ehrenschale für hervorragende Kampfleistungen
      (im Erdkampf)   15.500,–   7.949,–

	DM	Euro

Medaillen

		DM	Euro
815	Medaille für ausgezeichnete Leistungen im technischen Dienst der Luftwaffe	790,–	405,–

816	Medaille für besondere Leistungen im Luftgau-Belgien-Nordfrankreich, 1944	600,–	308,–
817	Medaille für treue Dienstleistungen im Bereich des Feldluftgaukommandos Westfrankreich	500,–	256,–

Plaketten und Schilde

818	Plakette für besondere Leistungen im Südostraum, 1. Form: »General und Befehlshaber«	880,–	451,–
819	wie vor, 2. Form: »Oberbefehlshaber ...«	*	
820	Ehrenplakette für hervorragende technische Leistungen im Süden, 1942	725,–	372,–
821	Schild für besondere Verdienste im Einsatz Kreta, 1. Form: Fallschirmjäger-Adler ohne Hakenkreuz, 1941	1.100,–	564,–
822	wie vor, 2. Form: Luftwaffenadler, Umriß der Insel	980,–	503,–
823	wie vor, 3. Form: Fallschirmjäger-Adler mit Hakenkreuz, braun patinierte Einlage	950,–	487,–

		DM	Euro
824	Ehrenplakette für besondere Leistungen im Kfz-technischen Dienst der Luftwaffe	900,–	462,–
825	Ehrenplakette der Luftflotte 1	1.000,–	513,–
825/1	wie vor, Luftflotte 2	950,–	487,–
825/2	wie vor, Luftflotte 4	950,–	487,–
825/3	wie vor, 21. Luftwaffen-Feld-Division	900,–	462,–

Luftgaue

		DM	Euro
826	Luftgau II – Verdienstschild für hervorragende Verdienste	920,–	472,–
826/1	Luftgau VII – für besondere Leistung	900,–	462,–
827	Luftgau VIII – Ehrenplakette für gute Leistungen	1.125,–	577,–
828	Luftgau XI – Eiserner Ehrenschild, 1940, drei verschiedene Größen	980,–	503,–
829	wie vor, Silberner Ehrenschild, 1942, zwei verschiedene Größen	1.260,–	646,–
830	wie vor, in Bronze, 1942	960,–	492,–
831	Luftgau XII – Ehrenplakette für besondere Leistung	1.050,–	538,–
832	Luftgau XII/XIII – Ehrenplakette für besondere Leistungen, 1942	1.300,–	667,–
833	Luftgau XVII – Plakette für hervorragende Verdienste, 1944	*	
834	Feldluftgau XXX – Plakette für besondere Bewährung, 1944	1.200,–	615,–
834/1	Ehrenplakette für besondere Bewährung im XXX Fliegerkorps	1.000,–	513,–

DM   Euro

		DM	Euro
835	Luftgaukommando Norwegen – Ehrenschild für besondere Leistung, geschwärzt	850,–	436,–
836	wie vor, altgolden	880,–	451,–
837	Luftgaustab Finnland – Ehrenplakette für besondere Bewährung, Jahreszahl »1942«	950,–	487,–
838	wie vor, Jahreszahl »1943«	800,–	410,–
838/1	wie vor, Jahreszahl »1944«	*	
839	Luftgau Kiew – Plakette für besondere Bewährung	1.200,–	615,–
839/1	Luftgau Moskau – für tatkräftigen Einsatz 1941/42, Porzellan	1.500,–	769,–
840	Luftgau Charkow – Plakette für besondere Verdienste	1.150,–	590,–
840/1	Ehrenplakette der Flieger-Division 4	850,–	436,–
840/2	wie vor, des Kampfgeschwaders 257	850,–	436,–
840/3	wie vor, der Kampfgruppe 2.V.105	750,–	385,–

	DM	Euro

Kampfabzeichen der Waffen-SS und Polizei

841   Bandenkampfabzeichen in Gold mit Brillanten,
      nicht verliehen   *

842   Bandenkampfabzeichen in Gold, 3. Stufe
      für 75 bzw. 100 Kampftage   3.135,–   1.608,–

843   Bandenkampfabzeichen in Silber, 2. Stufe
      für 50 bzw. 75 Kampftage   1.980,–   1.015,–

844   Bandenkampfabzeichen in Bronze, 1. Stufe
      für 20 bzw. 30 Kampftage   935,–   479,–

	DM	Euro

Auszeichnungen für Ausländer/Freiwilligen-Verbände

Tapferkeits- und Verdienstauszeichnungen für Angehörige der Ostvölker

Ausführung: Für Tapferkeit

845 1. Klasse in Gold mit Schwertern, Steckabzeichen 450,– 231,–

846 1. Klasse in Silber mit Schwertern, Steckabzeichen 325,– 167,–
847 2. Klasse in Gold mit Schwertern, am Band 210,– 108,–

848 2. Klasse in Silber mit Schwertern, am Band 160,– 82,–
849 2. Klasse in Bronze mit Schwertern, am Band 125,– 64,–

	DM	Euro

Ausführung: Für Verdienst

		DM	Euro
850	1. Klasse in Gold, Steckabzeichen	340,–	174,–
851	1. Klasse in Silber, Steckabzeichen	260,–	133,–
852	2. Klasse in Gold, am Band	160,–	82,–

		DM	Euro
853	2. Klasse in Silber, am Band	130,–	67,–
854	2. Klasse in Bronze, am Band	120,–	62,–

		DM	Euro
855	Erinnerungsmedaille für die spanischen Freiwilligen der Blauen Division, 1944	230,–	118,–

856   Deutsch-italienische Feldzugsmedaille Afrika,
      in Silber   160,–   82,–
857   wie vor, in Bronze   135,–   69,–

858   Deutsch-finnisches Nordfront-Kreuz 1941,
      schwarz emailliert, Schraubscheibe   270,–   138,–
858/1 wie vor, blau emailliert   270,–   138,–

Deutsche Demokratische Republik 1949 – 1990

	DM	Euro

Orden

859	Karl-Marx-Orden, 1953, Gold 900, mit Verleihungsnummer	15.000,–	7.669,–

860	wie vor, Gold 900, ohne Verleihungsnummer	4.000,–	2.045,–
861	wie vor, Gold 333	2.500,–	1.278,–
861/1	Bronze vergoldet (für Kollektive bzw. Zweitstücke)	2.000,–	1.023,–
862	Ehrenspange zum Vaterländischen Verdienstorden, 1965, Gold	7.500,–	3.835,–
863	wie vor, Buntmetall, vergoldet	500,–	256,–
864	Vaterländischer Verdienstorden, 1954, Gold	4.000,–	2.045,–
865	wie vor, Buntmetall, vergoldet	1.000,–	511,–
866	wie vor, lösbare Verbindung	400,–	205,–
867	wie vor, Silber	650,–	332,–
868	wie vor, Buntmetall, versilbert	250,–	128,–
869	wie vor, lösbare Verbindung	150,–	77,–
870	wie vor, Bronze	120,–	61,–
871	wie vor, lösbare Verbindung	80,–	41,–
872	Orden »Banner der Arbeit«, 1954, mit Verleihungsnummer, nur in einer Stufe	2.500,–	1.278,–

880

862

864   877

		DM	Euro
873	wie vor, ohne Verleihungsnummer	350,–	179,–
874	wie vor, Stufe I	100,–	51,–
875	wie vor, Stufe II	80,–	41,–
876	wie vor, Stufe III	60,–	31,–
877	Orden »Großer Stern der Völkerfreundschaft«, 1959, Dekoration mit Stern und Band, Gold	35.000,–	17.895,–
878	wie vor, Buntmetall, vergoldet	3.000,–	1.534,–
879	wie vor, Dekoration mit Kleinod am Band und Bruststern, Buntmetall, vergoldet	8.000,–	4.090,–
880	Stern der Völkerfreundschaft, Gold	15.000,–	7.669,–
881	wie vor, Buntmetall, vergoldet	1.200,–	614,–
882	wie vor, Silber	10.000,–	5.113,–
883	wie vor, Buntmetall, versilbert	1.000,–	511,–

		DM	Euro
884	Scharnhorst-Orden, 1966, Silber, vergoldet	12.000,–	6.136,–

	DM	Euro

885   wie vor, Buntmetall, vergoldet   3.000,–   1.534,–

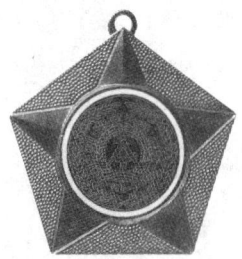

886   Kampforden »Für Verdienste um Volk und
        Vaterland«, 1966, Silber, vergoldet   800,–   409,–
887   wie vor, Buntmetall, vergoldet   150,–   77,–
888   wie vor, Silber   600,–   307,–
889   wie vor, Buntmetall, versilbert   100,–   51,–
890   wie vor, Bronze   80,–   41,–

891   Blücher-Orden für Tapferkeit, 1968
        (nicht verliehen), Silber, vergoldet   5.000,–   2.556,–
892   wie vor, Buntmetall, vergoldet   2.500,–   1.278,–
893   wie vor, Silber   4.000,–   2.045,–
894   wie vor, Buntmetall, versilbert   2.000,–   1.023,–
895   wie vor, Bronze   2.000,–   1.023,–

	DM	Euro

896	Militärischer Verdienstorden, 1982, vergoldet	4.000,–	2.045,–
897	wie vor, versilbert	3.000,–	1.534,–
898	wie vor, Bronze	2.500,–	1.278,–

Preise

899	Nationalpreis der DDR, 1949, (Revers: Deutscher Nationalpreis im Goethejahr 1949), Gold	15.000,–	7.669,–
900	wie vor, mit Jahreszahl 1950, Gold	4.500,–	2.301,–
901	wie vor, mit Jahreszahl 1951 – 61, Gold	3.000,–	1.534,–
902	wie vor, ohne Jahreszahl, Gold	2.500,–	1.278,–

903	wie vor, (Revers: Nationalpreis), Gold	2.000,–	1.023,–
904	wie vor, Buntmetall, vergoldet	1.000,–	511,–
905	Heinrich-Greif-Preis, 1951, I. Klasse, Silber, Revers mit Angabe der Klasse	4.000,–	2.045,–
906	wie vor, Buntmetall versilbert	1.500,–	767,–

	DM	Euro
907 wie vor, II. Klasse, Silber	3.500,–	1.790,–
908 wie vor, Buntmetall, versilbert	1.300,–	665,–
909 wie vor, III. Klasse, Silber	3.000,–	1.534,–

	DM	Euro
910 wie vor, Buntmetall, versilbert	1.000,–	511,–
911 wie vor, ohne Angabe der Klassen, Buntmetall, versilbert oder vernickelt	1.500,–	767,–

	DM	Euro
912 Lessing-Preis, 1954, Silber	5.000,–	2.556,–
913 wie vor, Buntmetall, versilbert oder vernickelt	3.500,–	1.790,–
913/1 wie vor, Revers verändert	3.000,–	1.534,–
914 Preis für künstlerisches Volksschaffen, 1955, I. Klasse, Silber, Revers mit Inschrift und Jahreszahl (1956–70)	4.000,–	2.045,–
915 wie vor, ohne Jahreszahl	2.500,–	1.278,–

	DM	Euro
916 wie vor, Buntmetall, versilbert oder vernickelt	800,–	409,–
917 wie vor, II. Klasse, Bronze, Revers mit Inschrift und Jahreszahl (1956–70)	3.000,–	1.534,–
918 wie vor, ohne Jahreszahl	600,–	307,–
919 Heinrich-Heine-Preis, 1956, Silber	5.000,–	2.556,–

	DM	Euro
920 wie vor, Buntmetall, versilbert	3.500,–	1.790,–
921 wie vor, Revers verändert, vernickelt	3.000,–	1.534,–

	DM	Euro
922 Ćišinski-Preis, 1956, I. Klasse, Silber, vergoldet	3.000,–	1.534,–
923 wie vor, Buntmetall, vergoldet	2.500,–	1.278,–

	DM	Euro

924 wie vor, Avers und Revers verändert, Buntmetall,
      vergoldet oder vermessingt   2.500,– 1.278,–
925 wie vor, II. Klasse, Silber   2.800,– 1.432,–
926 wie vor, Buntmetall, versilbert   2.200,– 1.125,–

927 wie vor, Avers und Revers verändert, Buntmetall,
      versilbert oder vernickelt   2.200,– 1.125,–
928 Johannes-R.-Becher-Preis, 1958, Silber, Revers mit
      Jahreszahl (1960–72)   6.000,– 3.068,–
929 wie vor, Buntmetall, versilbert, Revers mit
      Jahreszahl (1974, 1976)   6.000,– 3.068,–

930 wie vor, Buntmetall, versilbert oder vernickelt,
      ohne Jahreszahl   3.500,– 1.790,–
931 Kunstpreis der DDR, 1959, Silber   2.000,– 1.023,–

	DM	Euro

932 wie vor, Buntmetall, versilbert oder vernickelt   800,–   409,–
933 Rudolf-Virchow-Preis, 1960 (nicht tragbar mit
     Anstecknadel), Silber   2.000,– 1.023,–

934 wie vor, Buntmetall, versilbert oder vernickelt   1.000,–   511,–
935 GutsMuths-Preis, 1961 (nicht tragbar),
     I. Klasse, Silber   3.000,– 1.534,–
936 wie vor, Buntmetall, versilbert   1.000,–   511,–
937 wie vor, II. Klasse, Silber   2.800,– 1.432,–
938 wie vor, Buntmetall, versilbert   800,–   409,–
939 wie vor, III. Klasse, Silber   2.500,– 1.278,–

940 wie vor, Buntmetall, versilbert   700,–   358,–

	DM	Euro

941   wie vor, ohne Angabe der Klassen, Buntmetall,
versilbert oder vernickelt — 1.000,– — 511,–

942   Friedrich-Engels-Preis, 1970, I. Klasse,
Silber, vergoldet — 2.000,– — 1.023,–

943   wie vor, Buntmetall, vergoldet oder vermessingt — 800,– — 409,–

944   wie vor, II. Klasse, Silber — 1.800,– — 920,–

945   wie vor, Buntmetall, versilbert oder vernickelt — 600,– — 307,–

946   wie vor, III. Klasse, Bronze — 550,– — 281,–

947   Theodor-Körner-Preis, 1970, Silber — 2.000,– — 1.023,–

948   wie vor, Buntmetall, versilbert oder vernickelt — 900,– — 460,–

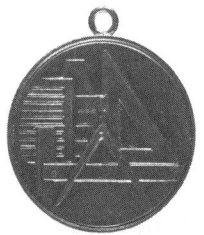 

949　Architekturpreis der DDR, 1976,
　　　versilbert oder vernickelt　　　　　　　　　700,–　　358,–

950　Designpreis der DDR, 1978,
　　　versilbert oder vernickelt　　　　　　　　3.500,–　1.790,–

951　Jacob-und-Wilhelm-Grimm-Preis der DDR, 1979
　　　(nicht tragbar), Meißner Porzellan　　　　5.000,–　2.556,–

Ehrentitel

952 Verdienter Lehrer des Volkes, 1949, Silber,
     vergoldet, Revers mit Jahreszahl (1949 – 58)   1.800,–   920,–

953 wie vor, ohne Jahreszahl   1.000,–   511,–

954 wie vor, Buntmetall, vergoldet   600,–   307,–

955 wie vor, Revers verändert   600,–   307,–

956 Verdienter Arzt des Volkes, 1949, Bronze
     Revers mit Jahreszahl (1949 – 54), an Bandschleife   3.500,–   1.790,–

	DM	Euro

957 wie vor, Revers mit Jahreszahl (1955 – 58),
     an Bandspange   3.500,– 1.790,–
958 wie vor, Silber, Avers und Revers verändert   2.000,– 1.023,–

959 wie vor, Buntmetall, versilbert   1.800,–   920,–

960 wie vor, Revers verändert, Buntmetall, versilbert
     oder vernickelt   1.500,–   767,–

	DM	Euro
961 Held der Arbeit, 1950, Silber,		
Medaille am Band	35.000,–	17.895,–
962 wie vor, Medaille an Spange	35.000,–	17.895,–
963 wie vor, Stern, Silber, Revers mit Verleihungsjahr		
und Verleihungsnummer	3.500,–	1.790,–
964 wie vor, ohne Verleihungsjahr	2.500,–	1.278,–

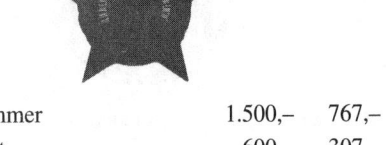

	DM	Euro
965 wie vor, ohne Verleihungsnummer	1.500,–	767,–
966 wie vor, Buntmetall, vergoldet	600,–	307,–

967   Verdienter Aktivist, 1950, Medaille mit Schraube
        ohne Tragespange   5.000,–   2.556,–
968   wie vor, Medaille an Tragespange   400,–   205,–

969   wie vor, Avers verändert   150,–   77,–

970   wie vor, Revers verändert   80,–   41,–
971   Verdienter Erfinder, 1950, Medaille mit Schraube
        ohne Tragespange   6.000,–   3.068,–

	DM	Euro

972	wie vor, Medaille an Tragespange	900,–	460,–
973	wie vor, Avers verändert	500,–	256,–
974	wie vor, Revers verändert	800,–	409,–
975	Verdienter Bergmann der DDR, 1950, Silber, Bandspange, Revers mit Verleihungsjahr (1950–52)	3.500,–	1.790,–

976	wie vor, Metallspange, Revers mit Verleihungsjahr (1953–57)	1.800,–	920,–
977	wie vor, Revers ohne Verleihungsjahr	1.500,–	767,–
978	wie vor, Buntmetall, versilbert oder vernickelt	1.000,–	511,–
979	Meisterhauer, 1950, Bandspange, Avers mit Verleihungsjahr (1950 – 52)	1.800,–	920,–
980	wie vor, Metallspange, Avers mit Verleihungsjahr (1953 – 57)	1.500,–	767,–

981   wie vor, Avers ohne Verleihungsjahr   800,–   409,–

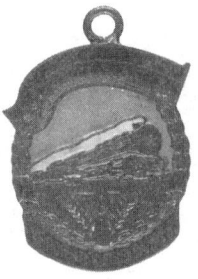

982   Verdienter Eisenbahner, 1950, farbig emailliert   6.000,– 3.068,–

983   wie vor, runde Medaille, Buntmetall, vergoldet,
      Avers mit Verleihungsjahr (1951 – 65)   1.000,–   511,–

	DM	Euro

984   wie vor, Avers ohne Verleihungsjahr   600,–   307,–
985   Hervorragender Wissenschaftler des Volkes,
        1951, Gold   6.000,–   3.068,–

986   wie vor, Buntmetall, vergoldet   3.000,–   1.534,–

987   Verdienter Techniker des Volkes, 1951,
        Metallspange   1.500,–   767,–
988   wie vor, bronzefarben mit Stoffspange   800,–   409,–
989   wie vor, goldfarben   600,–   307,–

		DM	Euro
990	wie vor, Revers verändert	500,–	256,–
991	Meisterbauer, 1951, Revers mit Verleihungsjahr (1951, 1954)	1.200,–	614,–

		DM	Euro
992	wie vor, ohne Verleihungsjahr	1.500,–	767,–
993	Verdienter Züchter, 1952, Revers mit Verleihungsjahr (1952 – 60), emaillierte Tragespange	3.500,–	1.790,–

		DM	Euro
994	wie vor, ohne Jahreszahl	2.000,–	1.023,–
995	wie vor, mit Stoffspange	800,–	409,–

		DM	Euro
996	wie vor, Revers verändert	800,–	409,–
997	Verdienter Tierarzt, 1952, Revers mit Verleihungsjahr (1952–61)	3.500,–	1.790,–

998	wie vor, ohne Jahreszahl	2.000,–	1.023,–

999	Verdienter Meister, 1953	300,–	153,–
1000	Bester Meister, 1953, emailliertes Abzeichen, Bauindustrie	2.500,–	1.278,–
1001	wie vor, Baustoffindustrie	2.500,–	1.278,–

	DM	Euro
1002 wie vor, Berg- und Hüttenwesen	2.500,–	1.278,–
1002/1 wie vor, Chemische Industrie	3.500,–	1.790,–
1003 wie vor, Eisenbahn	2.500,–	1.278,–
1004 wie vor, Kohle und Energie	2.800,–	1.432,–
1005 wie vor, Kraftverkehr und Straßenwesen	2.500,–	1.278,–
1006 wie vor, Land- und Forstwirtschaft	2.500,–	1.278,–
1007 wie vor, Lebensmittelindustrie	2.500,–	1.278,–

1008 wie vor, Leichtindustrie	2.500,–	1.278,–

1009 wie vor, Maschinenbau	2.500,–	1.278,–
1009/1 wie vor, Pharmazie	3.500,–	1.790,–
1010 wie vor, Schwerindustrie	2.500,–	1.278,–

1011 Aktivist des Fünfjahrplanes, 1952, Stoffspange	50,–	26,–

	DM	Euro

| 1012 | wie vor, Metallspange, Aluminium, bronziert | 20,– | 10,– |
| 1013 | wie vor, Aluminium, vergoldet | 15,– | 8,– |

| 1014 | wie vor, Miniaturnadel | 150,– | 77,– |
| 1015 | Hervorragender Genossenschaftler, 1954, Revers mit Verleihungsnummer | 1.500,– | 767,– |

| 1016 | wie vor, ohne Verleihungsnummer | 250,– | 128,– |

BANDTAFELN
DEUTSCHE ORDEN & EHRENZEICHEN
1871 BIS ZUR GEGENWART

Hinweise zur Benutzung:

Die farbigen Bandtafeln folgen in Aufbau, Gliederung und Numerierung dem vorangestellten Katalog.

Lesebeispiel: Das Deutsche Olympia-Ehrenzeichen 1. Kl. von 1936 auf Seite 57 hat im Katalog die Nr. 330. Auf Seite V der Bandtafeln finden Sie die Nr. 330 (alle Nummern sind fortlaufend ab Nr. 1 aufgeführt) – das ist das gesuchte Band im Maßstab 1:1.

Befindet sich hinter der Bandnummer ein »R« so bedeutet das »Rekonstruktion«. Das Band wurde nach Angaben aus der Literatur farbig auf neutralem weißen Ordensband von Hand 1:1 angelegt.

Bei Nr. ohne Bandabbildungen liegen den Autoren bisher keine Erkenntnisse über die Farbfolge des Bandes vor.

Inhalt

Deutsches Reich II
Deutsche Demokratische Republik VII
Bundesrepublik Deutschland XVII

1

2/562/563

3/564

29/30

44/45

63

64

154/155

156/157/158

186

188

198

199

201/202

203-208

209R

212

215

oder 
217/219/220/222/223

225/227

249

229/230/232-236

247/248

240-246

251/252/253

255

258/259/261

263

264/265

266-271

272

273/274

275

276/277

254/278-281/285/289/290/293/621-630/633/634

282/283

oder

282/283

284

286

287/291

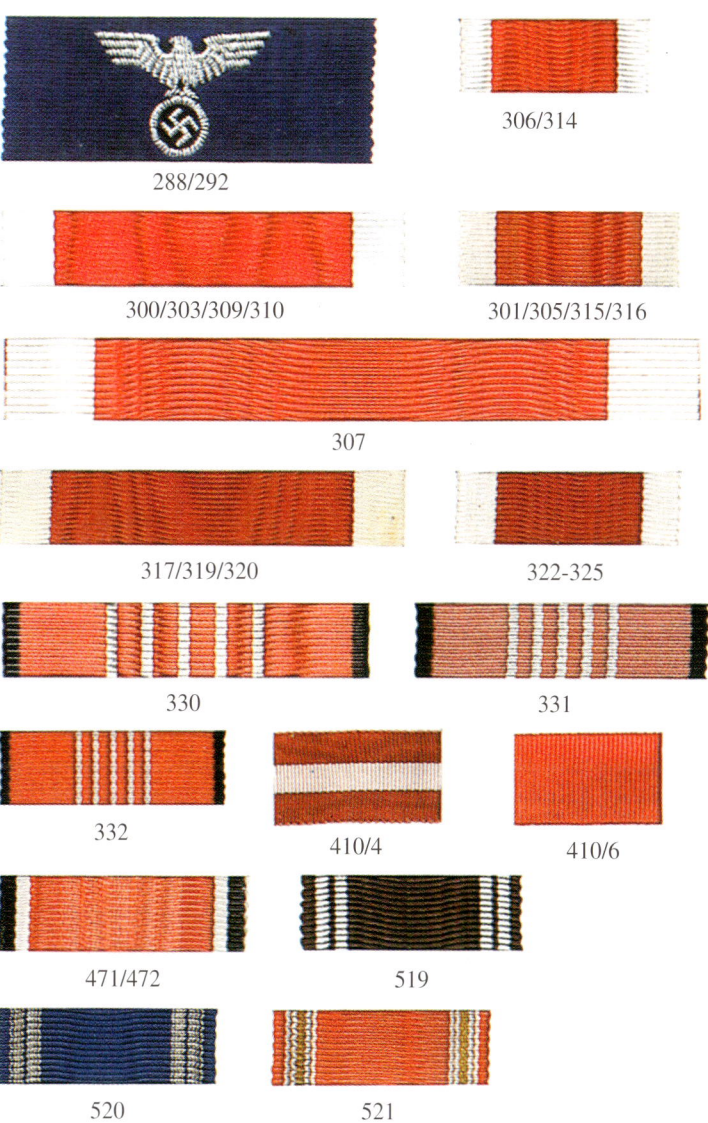

288/292

306/314

300/303/309/310

301/305/315/316

307

317/319/320

322-325

330

331

332

410/4

410/6

471/472

519

520

521

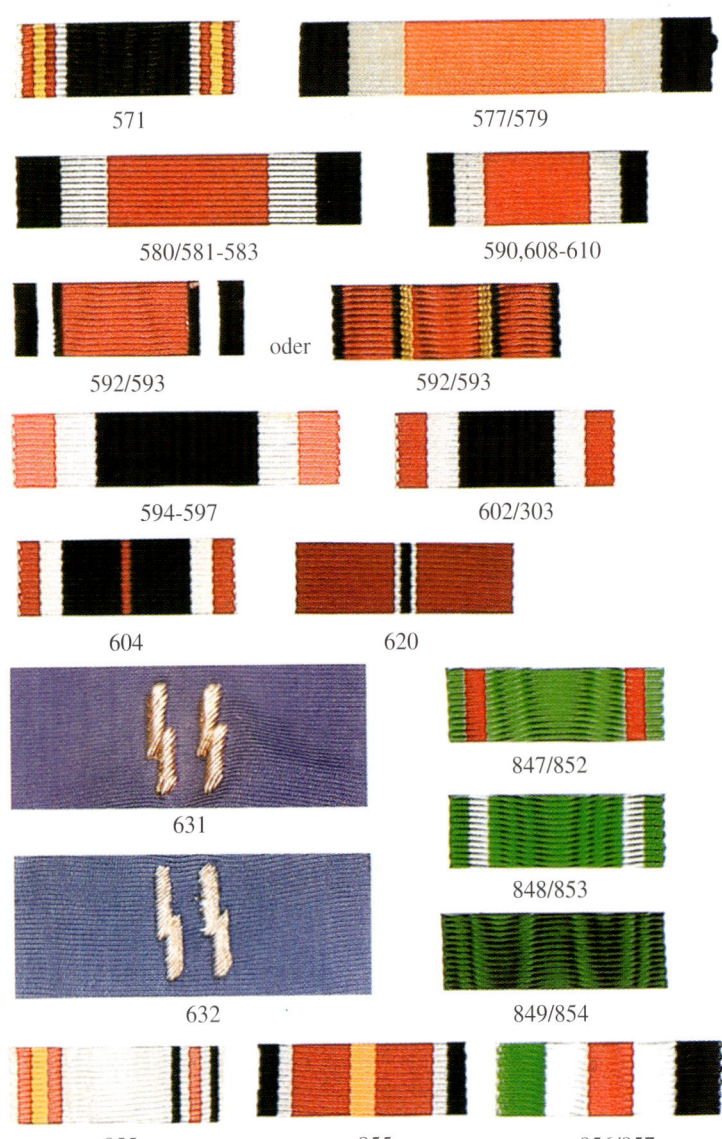

571

577/579

580/581-583

590,608-610

592/593   oder   592/593

594-597

602/303

604

620

631

632

847/852

848/853

849/854

855

855

856/857

859-861/1

864-871

872-876 (MS)

872-873 (BS)

873-876 (BS)

877-879

880-881 (BS)

882-883 (BS)

884-885

886-890

891-892

893-894

895

896-898

899-904

905-911

912-913/1

914-918

914-918

928-930

922-927

931-932

942-946

947-948

949

950

952-955

956

957

958-959

960

961-962

963-966

968-969

969-970

972

972-974

975

979

982

983-984

985-986

988-990

991-992

995-996

999 (MS)

999 (BS)

1011

1015-1017

1019-1022 (MS)

1019-1022 (BS)

1025-1026
1042-1043

1029

1031

1044

1045

1050

1051

1052

1053-1054

1055

1056

1057

1058

1059

1060

1061

1062

1063

1064

1065-1069

1070

1071

1072

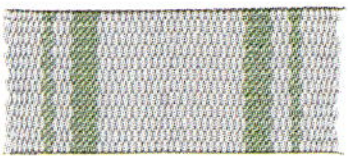

1073

1074

1075-1076

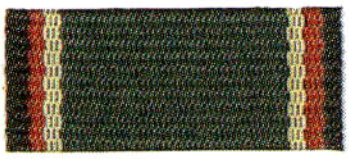

1077/1078

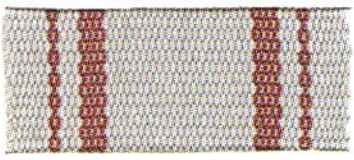

1079

1080-1083

1084

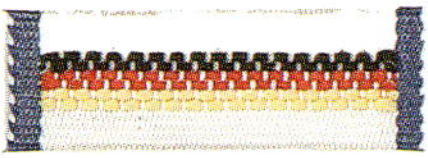

1085

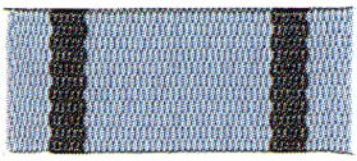

1086

1087

1088

1089

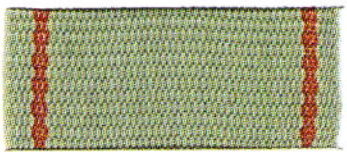

1091-1093

1094-1097

1100-1102

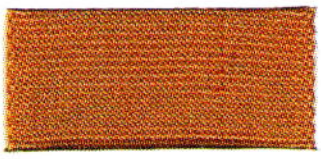

1103

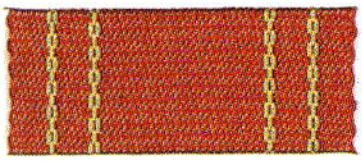

1134

1135-1138

1139-1141

1147-1148

1149

1150-1151

1152

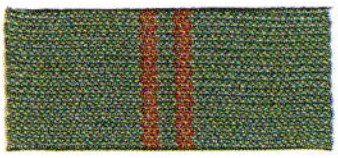

1153

1154

1157-1159

1160-1162

1163-1164

1168-1171
1337-1338
1347-1348

1172-1174
1339
1349

1175-1176
1340
1350

1155-1156

1177-1178

117-1180

1181-1182

1184-1192

1193

1194

1195

1196-1197

1198 (MS)

1198 (BS)

1199

1200

1201

1202

1203

1204

1205

1206	1207-1208	1209-1210
1211-1212	1213-1214	1215
1216	1217	1218
1219-1220	1221-1223	1224
1225-1227	1228-1229	1230-1231
1232-1233	1235	1236
1237	1241	1242
1243	1244	1245
1246	1247	1248-1250

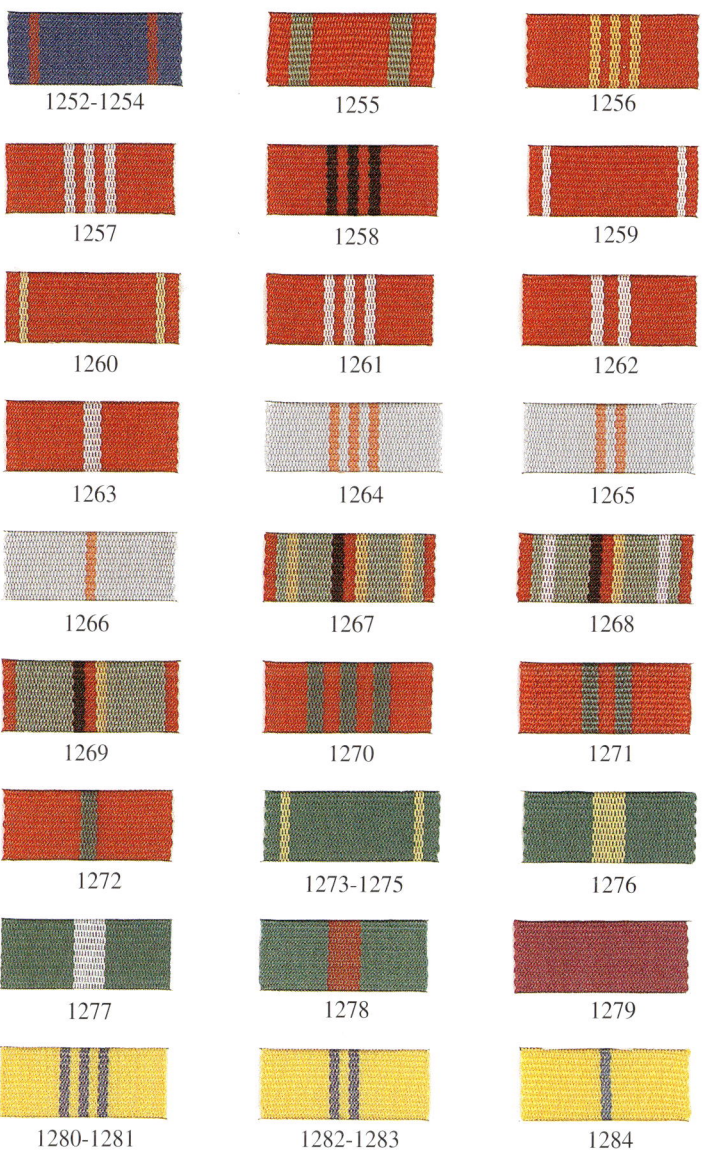

1252-1254	1255	1256
1257	1258	1259
1260	1261	1262
1263	1264	1265
1266	1267	1268
1269	1270	1271
1272	1273-1275	1276
1277	1278	1279
1280-1281	1282-1283	1284

1286-1287 (MS)   1286-1287 (BS)   1290

1291   1292   1293

1294   1295   1298-1300

1301-1303   1304-1306   1308-1309

1310   1311   1312

1313   1314   1315

1316   1317   1318

1318/1-1319   1322   1323

1324   1325   1326

1327

1328

1329

1330

1331-1333

1334

1335-1336

1341

1342

1343

1344

1345

1346

1352-1354

1355-1359

1360

1361

1362

1363

1364

1365

1366

1367

1368

1369

1370

1371

1372

1373

1374

1375

1376

1377

1378

1379

1380

1381

1382-1384

1598, 1602

1604

1607

1600

1605

1608

1610

1610 Damenschleife

1614, 1616

1615

1617

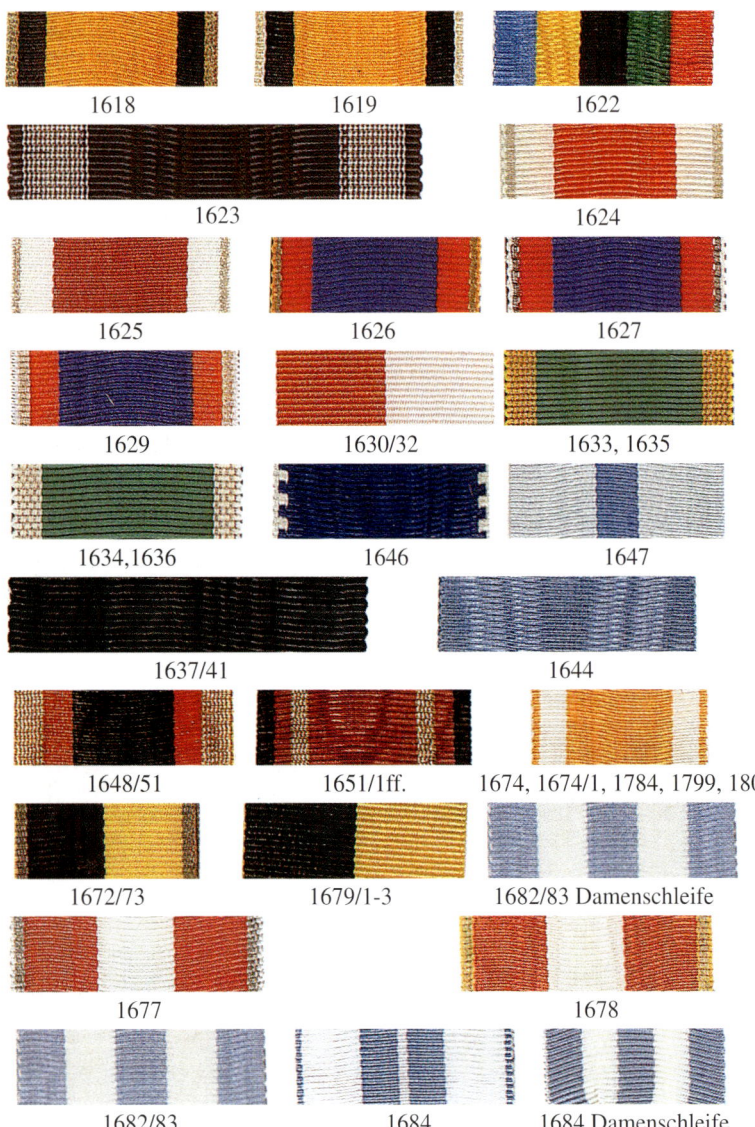

1618   1619   1622

1623   1624

1625   1626   1627

1629   1630/32   1633, 1635

1634,1636   1646   1647

1637/41   1644

1648/51   1651/1ff.   1674, 1674/1, 1784, 1799, 180(

1672/73   1679/1-3   1682/83 Damenschleife

1677   1678

1682/83   1684   1684 Damenschleife

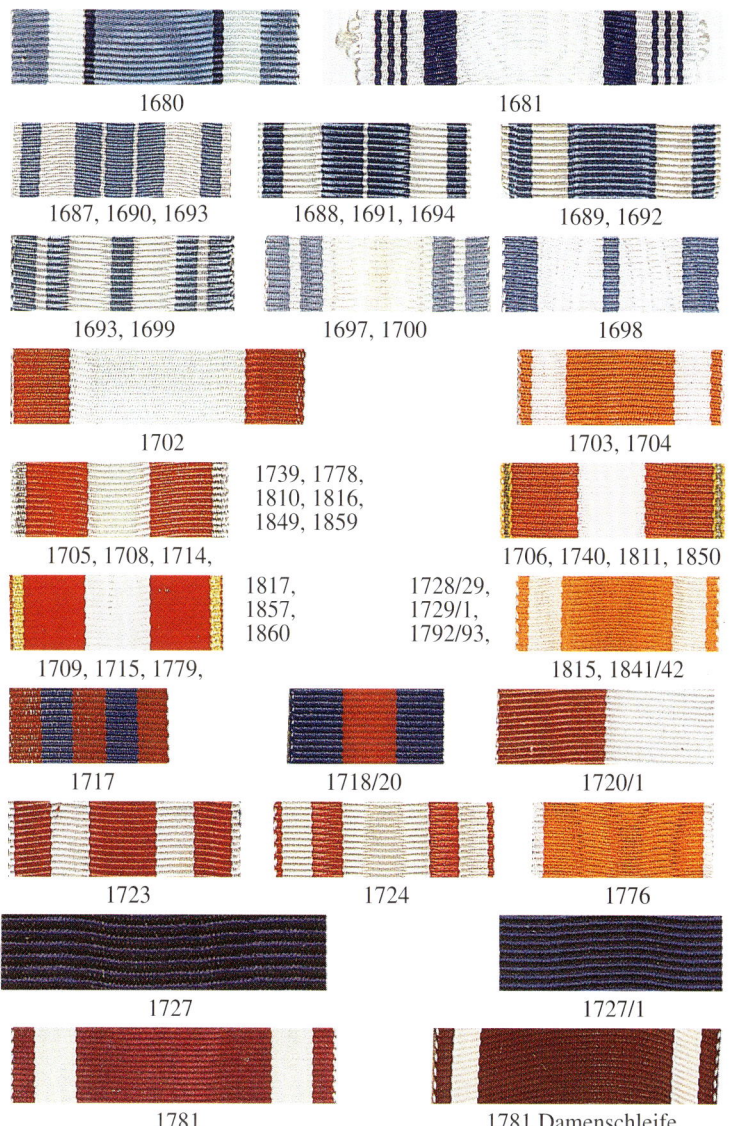

1680

1681

1687, 1690, 1693

1688, 1691, 1694

1689, 1692

1693, 1699

1697, 1700

1698

1702

1703, 1704

1705, 1708, 1714,

1739, 1778,
1810, 1816,
1849, 1859

1706, 1740, 1811, 1850

1709, 1715, 1779,

1817,
1857,
1860

1728/29,
1729/1,
1792/93,

1815, 1841/42

1717

1718/20

1720/1

1723

1724

1776

1727

1727/1

1781

1781 Damenschleife

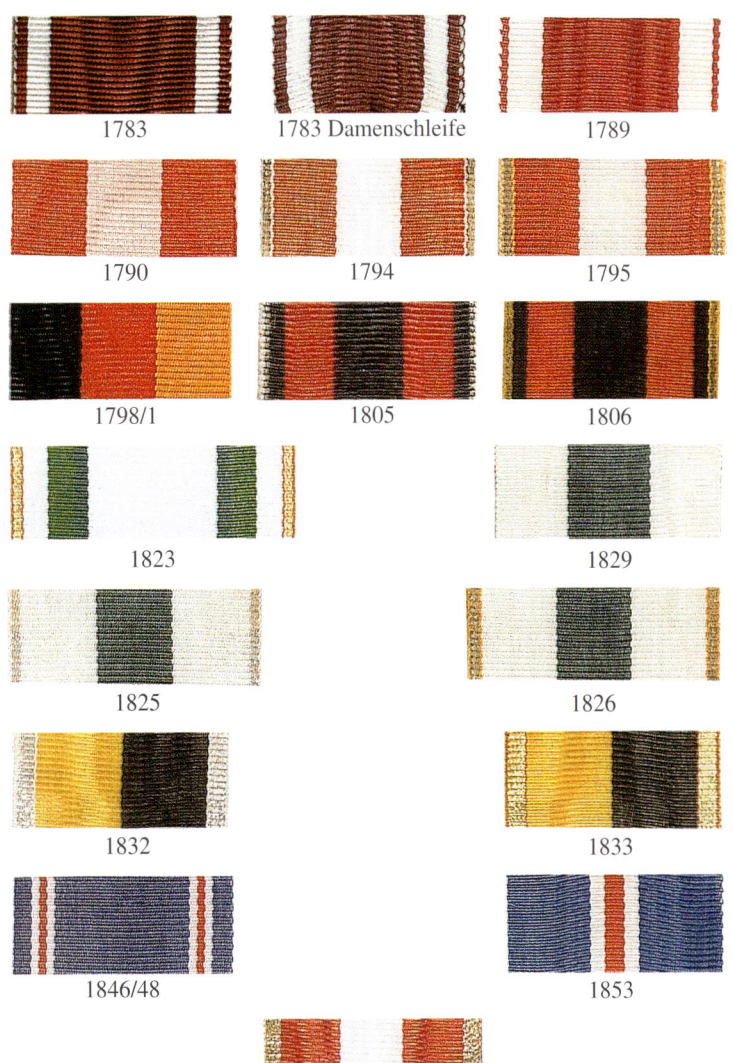

1783

1783 Damenschleife

1789

1790

1794

1795

1798/1

1805

1806

1823

1829

1825

1826

1832

1833

1846/48

1853

1858

DM Euro

1017 wie vor, Revers geändert 120,– 61,–

1018 Brigade der hervorragenden Leistung, 1954 900,– 460,–

1019 Verdienter Meister des Sports, 1954,
Silber, vergoldet 600,– 307,–
1020 wie vor, Buntmetall, vergoldet oder vermessingt 400,– 205,–

	DM	Euro

1021 Meister des Sports, 1954, Silber   600,–   307,–
1022 wie vor, Buntmetall, versilbert oder vernickelt   400,–   205,–

1023 Hervorragende Jugendbrigade der DDR, 1955,
       emailliertes Abzeichen   800,–   409,–
1024 wie vor, gestickte Form   750,–   383,–

1025 wie vor, Medaille mit Stoffspange   500,–   256,–
1026 wie vor, Avers verändert   100,–   51,–

	DM	Euro

| 1027 | Brigade der sozialistischen Arbeit, 1959 | 250,– | 128,– |
| 1027/1 | wie vor, gestickte Form für Forstwirtschaft | 1.000,– | 511,– |

| 1028 | Gemeinschaft der sozialistischen Arbeit, 1960 | 250,– | 128,– |

| 1029 | Meisterbauer der genossenschaftlichen Produktion, 1960 | 150,– | 77,– |

	DM	Euro

1030   Hervorragender Jungaktivist, 1960, farbig
emaillierter Rhombus an Metallspange   2000,–   1.023,–

1031   wie vor, runde Medaille an Stoffspange,
versilbert oder vernickelt   100,–   51,–

1032   Aktivist des Siebenjahrplanes, 1960   15,–   8,–

1033   wie vor, Miniaturnadel   150,–   77,–

DM | Euro

		DM	Euro
1034	Kollektiv der sozialistischen Arbeit, 1962, Metallspange (rot mit schwarzrotgold)	60,–	31,–
1035	wie vor, Spange mit Jahreszahl (1963 – 66)	50,–	26,–
1036	wie vor, Spange mit Staatswappen	15,–	8,–
1037	wie vor, Spange für zweifache Verleihung	20,–	10,–

1038	wie vor, Spange für dreifache Verleihung	25,–	13,–

1039	wie vor, Spange für vierfache Verleihung	50,–	26,–

1040	wie vor, Spange für fünffache Verleihung mit Jahreszahl 1971 – 1975	15,–	8,–

1041 wie vor, Spange für fünffache Verleihung
ohne Jahreszahl   10,–   5,–

1042 Hervorragendes Jugendkollektiv der DDR,
1963, farbloser Schriftring   300,–   153,–
1043 wie vor, schwarzer Schriftring   80,–   41,–

1044 Verdienter Seemann, 1965   300,–   153,–

	DM	Euro

1045 Verdienter Volkspolizist der DDR 1.400,– 716,–

1046 Aktivist der sozialistischen Arbeit, 1969,
     Metallspange (rot) 10,– 5,–
1047 wie vor, Spange mit Staatswappen 5,– 3,–
1048 wie vor, Spange für zweifache Verleihung 5,– 3,–

1049 wie vor, Miniaturnadel 80,– 41,–

| | DM | Euro |

1050   Verdienter Mitarbeiter der Staatssicherheit, 1969   2.500,–   1.278,–

1051   Verdienter Mitarbeiter der Zollverwaltung
der DDR, 1972   1.400,–   716,–

1052   Verdienter Bauarbeiter der DDR, 1972   500,–   256,–

1053   Verdienter Militärflieger der DDR, 1974,
       rechteckige Spange   4.000,–   2.045,–
1054   wie vor, pentagonale Spange   3.000,–   1.534,–

1055   Verdienter Metallurge der DDR, 1975   500,–   256,–

1056   Verdienter Werktätiger der Leicht-, Lebensmittel-
       und Nahrungsgüterindustrie der DDR, 1975   300,–   153,–

	DM	Euro

| 1057 | Verdienter Metallarbeiter der DDR, 1975 | 500,– | 256,– |
| 1058 | Verdienter Chemiearbeiter der DDR, 1975 | 300,– | 153,– |

| 1059 | Verdienter Energiearbeiter der DDR, 1975 | 500,– | 256,– |

| 1060 | Verdienter Werktätiger des Post- und Fernmeldewesens der DDR, 1975 | 2.000,– | 1.023,– |

	DM	Euro

1061 Verdienter Mitarbeiter des Handels
der DDR, 1975   500,–   256,–

1062 Verdienter Werktätiger des Verkehrswesens
der DDR, 1975   500,–   256,–

1063 Verdienter Werktätiger des Bereiches der
haus- und kommunalwirtschaftlichen Dienst-
leistungen der DDR, 1975   300,–   153,–

| 1064 | Verdienter Hochschullehrer der DDR, 1975 | 1.800,– | 920,– |

1065	Held der DDR, 1975, 1. Form ohne Brillanten	35.000,–	17.895,–
1066	wie vor, 2. Form mit Brillanten, Gold 900	35.000,–	17.895,–
1067	wie vor, Gold 333	25.000,–	12.782,–

| 1068 | wie vor, Silber vergoldet | 15.000,– | 7.669,– |
| 1068/1 | wie vor, Buntmetall, vergoldet (Tragestücke) | 10.000,– | 5.113,– |

DM	Euro

1069   wie vor, Doppelspange für zweifache Verleihung   20.000,– 10.226,–

1070   Verdienter Angehöriger der Nationalen
        Volksarmee, 1975, 1. Form   3.000,–   1.534,–

1071   wie vor, 2. Form   1.500,–   767,–

1072   Verdienter Angehöriger der Grenztruppen
       der DDR, 1975, 1. Form   3.500,–   1.790

1073   wie vor, 2. Form   1.500,–   767,–

1074   Verdienter Mitarbeiter im außenpolitischen Dienst
       der DDR, 1979   2.500,–   1.278,–

		DM	Euro
1075	Verdienter Tierarzt der DDR, 1976	1.500,–	767,–
1076	wie vor, Revers verändert	1.500,–	767,–

		DM	Euro
1077	Verdienter Genossenschaftsbauer der DDR, 1977	650,–	332,–

		DM	Euro
1078	Verdienter Werktätiger der Land- und Forstwirtschaft der DDR, 1977	650,–	332,–

DM   Euro

1079   Verdienter Angehöriger der Zivilverteidigung
       der DDR, 1977   2.500,–   1.278,–

1080   Fliegerkosmonaut der DDR, 1978, 1. Form
       mit Flugdatum   30.000,– 15.339,–

1081   wie vor, ohne Flugdatum   30.000,– 15.339,–

1082 wie vor, 2. Form mit Flugdatum   30.000,– 15.339,–

1083 wie vor, ohne Flugdatum   30.000,– 15.339,–

1084 Verdienter Mitarbeiter der Planungsorgane
der DDR, 1978   1.000,–   511,–

DM   Euro

1085   Verdienter Mitarbeiter des Finanzwesens
       der DDR, 1978   1.000,–   511,–

1086   Verdienter Wasserwirtschaftler der DDR, 1979   800,–   409,–

1087   Verdienter Jurist der DDR, 1979   1.800,–   920,–

DM   Euro

1088   Verdienter Volkskontrolleur der DDR, 1981   1.800,–   920,–

1089   Verdienter Mitarbeiter des Gesundheitswesens
der DDR, 1985   700,–   358,–

Medaillen

1090   Ehrenzeichen der Deutschen Volkspolizei, 1949,
       Abzeichen mit Inschrift in der Fahne   380,–   194,–

1091   wie vor, ohne Inschrift in der Fahne   500,–   256,–

1092   wie vor, mit Staatswappen in der Fahne   850,–   435,–

	DM	Euro

		DM	Euro
1093	wie vor, Medaille an pentagonaler Spange	150,–	77,–
1094	Medaille für Verdienste um das Grubenrettungs-wesen, 1951, Aluminium, bronziert	1.800,–	920,–
1095	wie vor, Buntmetall, bronzefarben	1.500,–	767,–

		DM	Euro
1096	wie vor, Buntmetall, vergoldet	1.500,–	767,–

		DM	Euro
1097	wie vor, Revers verändert	1.500,–	767,–
1098	wie vor, nur silberfarbene Auflage für zweimalige Verleihung	2.000,–	1.023,–

	DM	Euro

1099 wie vor, nur goldfarbene Auflage für
dreimalige Verleihung   3.000,– 1.534,–

1100 Medaille für vorbildlichen Grenzdienst, 1954,
Revers mit Verleihungsnummer   350,– 179,–

1101 wie vor, ohne Verleihungsnummer   150,–   77,–

1102 wie vor, Avers und Revers verändert   100,–   51,–

1103 Medaille für ausgezeichnete Leistungen, 1951,
Stoffspange   80,–   41,–

	DM	Euro

| 1104 | wie vor, Metallspange, Aluminium bronziert, Avers mit Motiv des Fünfjahrplanes | 20,– | 10,– |
| 1105 | wie vor, Aluminium vergoldet | 15,– | 8,– |

| 1106 | wie vor, Miniaturnadel | 150,– | 77,– |

| 1107 | wie vor, Avers mit Motiv des Siebenjahrplanes | 15,– | 8,– |

| 1108 | wie vor, Miniaturnadel | 150,– | 77,– |

1109   Medaille für ausgezeichnete Leistungen im
       Wettbewerb, 1953, emailliertes Abzeichen,
       Außenhandel   500,–   256,–

1110   wie vor, Bauindustrie   450,–   230,–

1111   wie vor, Baustoffindustrie   450,–   230,–

	DM	Euro

1112 wie vor, Berg- und Hüttenwesen 450,– 230,–

1113 wie vor, Chemische Industrie 450,– 230,–

1114 wie vor, Deutsche Post 450,– 230,–
1115 wie vor, Eisenbahn, Motiv Flügelrad 2.000,– 1.023,–

	DM	Euro

		DM	Euro
1116	wie vor, Motiv Lokomotive	750,–	383,–

		DM	Euro
1117	wie vor, Kohle und Energie	450,–	230,–

		DM	Euro
1118	wie vor, Konsumgenossenschaft	450,–	230,–

	DM	Euro

1119   wie vor, Kraftverkehr und Straßenwesen   450,–   230,–

1120   wie vor, Kultur   450,–   230,–

1121   wie vor, Land- und Forstwirtschaft   450,–   230,–

1122   wie vor, Lebensmittelindustrie   450,–   230,–

1123   wie vor, Leichtindustrie   450,–   230,–

1124   wie vor, Maschinenbau   450,–   230,–

		DM	Euro
1125	wie vor, Metallurgie	2.000,–	1.023,–
1126	wie vor, Pharmazie	1.500,–	767,–

1127	wie vor, Schiffahrt	500,–	256,–

1128	wie vor, Schwerindustrie	450,–	230,–
1129	wie vor, Staatliche Geologische Kommission	2.000,–	1.023,–

	DM	Euro

1130   wie vor, Staatlicher Einzelhandel   450,–   230,–

1131   wie vor, Staatlicher Großhandel   450,–   230,–

1132   wie vor, VEAB   450,–   230,–

	DM	Euro

1133   wie vor, Wasserwirtschaft   500,–   256,–

1134   wie vor, Medaille an Stoffspange,
       einheitliches Motiv   10,–   5,–

1135   Clara-Zetkin-Medaille, 1954, Silber   800,–   409,–

	DM	Euro

1136   wie vor, Revers verändert   700,–   358,–
1137   wie vor, Buntmetall versilbert   500,–   256,–

1138   wie vor, Revers verändert   500,–   256,–

1139   Carl-Friedrich-Wilhelm-Wander-Medaille,
       1954, Silber, vergoldet   6.000,–   3.068,–
1140   wie vor, Silber   2.500,–   1.278,–
1141   wie vor, Bronze   1.500,–   767,–

	DM	Euro

1142 Leistungsabzeichen der Deutschen Grenzpolizei,
1954, oval, mit Verleihungsnummer 600,– 307,–
1143 wie vor, ohne Verleihungsnummer 300,– 153,–

1144 wie vor, rund, neue Gestaltung 50,– 26,–

1145 Leistungsabzeichen der Kasernierten Volks-
polizei, 1954, mit Verleihungsnummer 600,– 307,–
1146 wie vor, ohne Verleihungsnummer 500,– 256,–

1147 Medaille für treue Dienste in der Kasernierten
Volkspolizei, 1954, mit Verleihungsnummer 300,– 153,–
1148 wie vor, ohne Verleihungsnummer 150,– 77,–

1149 Rettungsmedaille, 1954, Silber, ovale Medaille
am Stoffband 2.300,– 1.176,–
1150 wie vor, runde Medaille, rechteckige Spange 1.500,– 767,–

1151 wie vor, Buntmetall, versilbert 800,– 409,–

	DM	Euro

1152   Medaille für die Bekämpfung der Hochwasser-
katastrophe im Juli 1954   800,–   409,–

1153   Medaille »Für treue Dienste« in der Deutschen
Volkspolizei, 1955, Stufe II   4.000,– 2.045,–
1154   wie vor, Stufe III   100,–   51,–

1155   Hans-Beimler-Medaille, 1956, Silber   2.000,– 1.023,–
1156   wie vor, Buntmetall, versilbert   1.500,–   767,–

	DM	Euro

		DM	Euro
1157	Verdienstmedaille der Nationalen Volksarmee, 1956, Silber, vergoldet, mit Verleihungsnummer	1.500,–	767,–
1158	wie vor, ohne Verleihungsnummer	200,–	102,–
1159	wie vor, Buntmetall, vergoldet oder vermessingt	70,–	36,–
1160	wie vor, Silber, mit Verleihungsnummer	300,–	153,–

		DM	Euro
1161	wie vor, ohne Verleihungsnummer	100,–	51,–
1162	wie vor, Buntmetall versilbert, oder vernickelt	50,–	26,–
1163	wie vor, bronzefarben mit Verleihungsnummer	100,–	51,–
1164	wie vor, ohne Verleihungsnummer	25,–	13,–

		DM	Euro
1165	Leistungsabzeichen der Nationalen Volksarmee, 1956, mit Verleihungsnummer, Fahne ohne Staatswappen	1.200,–	614,–
1166	wie vor, Staatswappen nachträglich eingeschlagen	500,–	256,–
1167	wie vor, mit Staatswappen	30,–	15,–
1168	Medaille für treue Dienste in der Nationalen Volksarmee, 1956, für 20 Dienstjahre, Silber, vergoldet	300,–	153,–

	DM	Euro
1169　wie vor, Buntmetall, vergoldet oder vermessingt	40,–	20,–
1170　wie vor, für 15 Dienstjahre, Silber, vergoldet	100,–	51,–
1171　wie vor, Buntmetall, vergoldet oder vermessingt	30,–	15,–

	DM	Euro
1172　wie vor, für 10 Dienstjahre, Silber, Fahne ohne Staatswappen	1.500,–	767,–

	DM	Euro
1173　wie vor, Fahne mit Staatswappen	100,–	51,–
1174　wie vor, Buntmetall, versilbert oder vernickelt	25,–	13,–
1175　wie vor, für 5 Dienstjahre, bronzefarben, Fahne ohne Staatswappen, mit Verleihungsnummer	250,–	128,–
1176　wie vor, Fahne mit Staatswappen, ohne Verleihungsnummer	15,–	8,–
1177　Verdienstmedaille der Deutschen Reichsbahn, 1956, Stufe III, Metallspange	300,–	153,–

	DM	Euro

		DM	Euro
1178	wie vor, Stoffspange	100,–	51,–
1179	wie vor, Stufe II, Metallspange	200,–	102,–
1180	wie vor, Stoffspange	90,–	46,–
1181	wie vor, Stufe I, Metallspange	150,–	77,–
1182	wie vor, Stoffspange	80,–	41,–

		DM	Euro
1183	Medaille für treue Dienste bei der Deutschen Reichsbahn, 1956, Ehrenspange	100,–	51,–
1184	wie vor, für 50/30 Dienstjahre, runde Medaille an flacher Bandspange, vergoldet	80,–	41,–
1185	wie vor, gebogene Bandspange	60,–	31,–
1186	wie vor, Revers verändert, vergoldet oder vermessingt	30,–	15,–
1187	wie vor, für 40/20 Dienstjahre, flache Bandspange, versilbert	50,–	26,–
1188	wie vor, gebogene Bandspange	40,–	20,–
1189	wie vor, Revers verändert, versilbert oder vernickelt	25,–	13,–
1190	wie vor, für 25/10 Dienstjahre, flache Bandspange, bronzefarben	60,–	31,–

	DM	Euro

1191	wie vor, gebogene Bandspange	30,–	15,–
1192	wie vor, Revers verändert	20,–	10,–
1193	Pestalozzi-Medaille für treue Dienste, 1956, für 40/30 Dienstjahre, Buntmetall oder Eisen, vergoldet oder vermessingt	40,–	20,–

1194	wie vor, für 25/20 Dienstjahre, versilbert oder vernickelt	30,–	15,–
1195	wie vor, für 10 Dienstjahre, bronzefarben	25,–	13,–

1196	Medaille für selbstlosen Einsatz bei der Bekämpfung von Katastrophen, 1957	150,–	77,–

	DM	Euro
1197 wie vor, Avers und Revers verändert	80,–	41,–

1198 Medaille für Teilnahme an den bewaffneten
Kämpfen der deutschen Arbeiterklasse in den
Jahren 1918 – 1923, 1957   200,–   102,–

1199 Medaille für Kämpfer gegen den Faschismus
1933 – 1945, 1958   200,–   102,–

1200 Hufeland-Medaille, 1958, nur in einer Stufe,
versilbert   250,–   128,–

	DM	Euro

		DM	Euro
1201	wie vor, drei Stufen, vergoldet	250,–	128,–
1202	wie vor, versilbert	200,–	102,–
1203	wie vor, bronzefarben	160,–	82,–
1204	Medaille für treue Dienste in den bewaffneten Organen des Ministeriums des Innern, 1959, für 30 Dienstjahre	40,–	20,–
1205	wie vor, für 25 Dienstjahre	35,–	18,–
1206	wie vor, für 20 Dienstjahre	30,–	15,–

		DM	Euro
1207	wie vor, für 15 Dienstjahre, ohne Staatswappen	30,–	15,–

	DM	Euro

1208	wie vor, mit Staatswappen	25,–	13,–
1209	wie vor, für 10 Dienstjahre, ohne Staatswappen	25,–	13,–
1210	wie vor, mit Staatswappen	20,–	10,–
1211	wie vor, für 5 Dienstjahre, ohne Staatswappen	20,–	10,–
1212	wie vor, mit Staatswappen	15,–	8,–
1213	Medaille für treue Dienste in der Freiwilligen Feuerwehr, 1959, für 40 Dienstjahre	100,–	51,–

1214	wie vor, für 40/30 Dienstjahre	80,–	41,–
1215	wie vor, für 25/20 Dienstjahre	60,–	31,–
1216	wie vor, für 10 Dienstjahre	50,–	26,–
1217	Medaille für ausgezeichnete Leistungen in den landwirtschaftlichen Produktionsgenossenschaften, 1959	20,–	10,–

1218   Verdienstmedaille der DDR, 1959   40,–   20,–

1219   Medaille für ausgezeichnete Leistungen in den
       bewaffneten Organen des Ministeriums des Innern,
       1959, ohne Staatswappen   40,–   20,–

1220   wie vor, mit Staatswappen   30,–   15,–
1221   Dr.-Theodor-Neubauer-Medaille, 1959, vergoldet
       oder vermessingt   120,–   61,–

		DM	Euro
1222	wie vor, versilbert oder vernickelt	100,–	51,–
1223	wie vor, bronzefarben	80,–	41,–
1224	Treuedienstmedaille der Deutschen Post, 1960, Ehrenspange (zwei verschiedene Formen)	90,–	46,–
1225	wie vor, für 45 (Frauen) oder 50 (Männer) Dienstjahre, Aluminium, goldfarben	180,–	92,–
1226	wie vor, für 40 Dienstjahre, Aluminium, silberfarben	150,–	77,–
1227	wie vor, für 25 Dienstjahre, Aluminium, bronzefarben	100,–	51,–

| 1228 | wie vor, für 40/30 Dienstjahre, Buntmetall oder Eisen, vergoldet oder vermessingt | 80,– | 41,– |

	DM	Euro

1229	wie vor, Revers verändert, Buntmetall, vergoldet	200,–	102,–
1230	wie vor, für 25/20 Dienstjahre, Buntmetall oder Eisen, versilbert oder vernickelt	60,–	31,–
1231	wie vor, Revers verändert, Buntmetall, versilbert	80,–	41,–
1232	wie vor, für 10 Dienstjahre, Buntmetall oder Eisen, bronzefarben	40,–	20,–
1233	wie vor, Revers verändert, Buntmetall, bronzefarben	150,–	77,–
1234	Verdienstmedaille der Kampfgruppen der Arbeiterklasse, 1961, nur in einer Stufe, bronzefarben	100,–	51,–
1235	wie vor, drei Stufen, vergoldet oder vermessingt	60,–	31,–

1236	wie vor, versilbert oder vernickelt	40,–	20,–
1237	wie vor, bronzefarben	20,–	10,–
1238	Leistungsabzeichen der Grenztruppen der DDR, 1962 (identisch mit Nr. 1144)	50,–	26,–

	DM	Euro

			DM	Euro
1239	wie vor, Miniaturnadel		180,–	92,–
1240	Medaille für treue Dienste in der zivilen Luftfahrt, 1962, Ehrenspange		400,–	205,–
1241	wie vor, für 10 Dienstjahre, versilbert		200,–	102,–
1242	wie vor, für 5 Dienstjahre, bronzefarben		180,–	92,–
1243	wie vor, für 30 Dienstjahre, vergoldet		250,–	128,–
1244	wie vor, für 20 Dienstjahre, vergoldet		200,–	102,–

			DM	Euro
1245	wie vor, für 15 Dienstjahre, vergoldet		180,–	92,–
1246	wie vor, für 10 Dienstjahre, versilbert		150,–	77,–
1247	wie vor, für 5 Dienstjahre, bronzefarben		120,–	61,–
1248	Verdienstmedaille der Seeverkehrswirtschaft, 1965, vergoldet		80,–	41,–

	DM	Euro

		DM	Euro
1249	wie vor, versilbert	60,–	31,–
1250	wie vor, bronzefarben	40,–	20,–
1251	Medaille für treue Dienste in der Seeverkehrs-wirtschaft, 1965, Ehrenspange	100,–	51,–
1252	wie vor, für 40/30 Dienstjahre, vergoldet	50,–	26,–

		DM	Euro
1253	wie vor, für 25/20 Dienstjahre, versilbert	30,–	15,–
1254	wie vor, für 15/10 Dienstjahre, bronzefarben	20,–	10,–

		DM	Euro
1255	Erinnerungsmedaille 20. Jahrestag – demokratische Bodenreform, 1965	60,–	31,–

	DM	Euro

1256	Medaille für Verdienste in der Rechtspflege, 1965, vergoldet	350,–	179,–
1257	wie vor, versilbert	250,–	179,–
1258	wie vor, bronzefarben	150,–	77,–

1259	Medaille für ausgezeichnete Leistungen in den Kampfgruppen der Arbeiterklasse, 1965	25,–	13,–
1260	Medaille für treue Dienste in den Kampfgruppen der Arbeiterklasse, 1965, für 25 Dienstjahre, vergoldet oder vermessingt	40,–	20,–
1261	wie vor, für 20 Dienstjahre, vergoldet oder vermessingt	30,–	15,–

	DM	Euro

1262 wie vor, für 15 Dienstjahre, versilbert oder vernickelt   20,–   10,–
1263 wie vor, für 10 Dienstjahre, bronzefarben   15,–   8,–
1264 Medaille der Waffenbrüderschaft, 1966, Buntmetall
oder Eisen, vergoldet oder vermessingt   250,–   128,–

1265 wie vor, versilbert oder vernickelt   150,–   77,–
1266 wie vor, bronzefarben   120,–   61,–

1267 Verdienstmedaille der Organe des Ministeriums des
Innern, 1966, vergoldet oder vermessingt   80,–   41,–

	DM	Euro
1268 wie vor, versilbert oder vernickelt	60,–	31,–
1269 wie vor, bronzefarben	40,–	20,–

1270	Verdienstmedaille der Zollverwaltung der DDR, 1967, vergoldet oder vermessingt	160,–	82,–
1271	wie vor, versilbert oder vernickelt	140,–	72,–
1272	wie vor, bronzefarben	120,–	61,–
1273	Medaille für treue Dienste in der Zollverwaltung der DDR, 1967, für 30 Dienstjahre, vergoldet oder vermessingt	160,–	82,–
1274	wie vor, für 25 Dienstjahre, vergoldet oder vermessingt	140,–	72,–
1275	wie vor, für 20 Dienstjahre, vergoldet oder vermessingt	100,–	51,–

1276	wie vor, für 15 Dienstjahre, vergoldet oder vermessingt	50,–	26,–
1277	wie vor, für 10 Dienstjahre, versilbert oder vernickelt	45,–	23,–

	DM	Euro
1278 wie vor, für 5 Dienstjahre, bronzefarben	40,–	20,–

		DM	Euro
1279	Medaille für Verdienste im Brandschutz, 1968	200,–	102,–
1280	Blücher-Medaille für Tapferkeit, 1968,		
	(nicht verliehen) Silber, vergoldet	2.500,–	1.278,–
1281	wie vor, Buntmetall, vergoldet	2.000,–	1.023,–

		DM	Euro
1282	wie vor, Silber	2.000,–	1.023,–
1283	wie vor, Buntmetall, versilbert	1.800,–	920,–
1284	wie vor, Bronze	1.500,–	767,–

1285   Medaille für hervorragende Leistungen in der
       Bewegung »Messen der Meister von Morgen«, 1969   40,–   20,–

1286   Ehrenzeichen für Körperkultur und Sport, 1969,
       Silber, vergoldet   950,–   486,–
1287   wie vor, Silber vergoldet ohne Silberstempel   950,–   486,–

1288   Karl-Liebknecht-Medaille, 1970   15,–   8,–

	DM	Euro

1289   wie vor, Revers verändert   10,–   5,–

1290   Verdienstmedaille der Zivilverteidigung, 1970,
       vergoldet oder vermessingt   200,–   102,–

1291   wie vor, versilbert oder vernickelt   150,–   77,–

1292   wie vor, bronzefarben   100,–   51,–

1293   Verdienstmedaille der Deutschen Post, 1970,
       vergoldet oder vermessingt   500,–   256,–

		DM	Euro
1294	wie vor, versilbert oder vernickelt	350,–	179,–
1295	wie vor, bronzefarben	150,–	77,–

1296	Medaille »Vorbildliches Lehrlingskollektiv im sozialistischen Berufswettbewerb«, 1970	10,–	5,–

1297	Medaille »Für sehr gute Leistungen im sozialistischen Berufswettbewerb«, 1970	10,–	5,–

		DM	Euro
1298	Medaille für Verdienste in der Energiewirtschaft der DDR, 1971, vergoldet	200,–	102,–
1299	wie vor, versilbert	180,–	92,–
1300	wie vor, bronzefarben	160,–	82,–

	DM	Euro

1301 Medaille für Verdienste in der Kohleindustrie
der DDR, 1972, vergoldet 200,– 102,–
1302 wie vor, versilbert 180,– 92,–
1303 wie vor, bronzefarben 160,– 82,–

1304 Medaille für hervorragende Leistungen im
Bauwesen der DDR, 1972, vergoldet 100,– 51,–
1305 wie vor, versilbert 80,– 41,–
1306 wie vor, bronzefarben 60,– 31,–

1307 Medaille für Verdienste in der Volkskontrolle
der DDR, 1973, nur in einer Stufe, mit Metallspange 230,– 118,–

	DM	Euro
1308 wie vor, mit Stoffspange	200,–	102,–

1309 wie vor, Avers verändert	180,–	92,–
1310 wie vor, Stufe I	150,–	77,–
1311 wie vor, Stufe II	130,–	66,–
1312 wie vor, Stufe III	100,–	51,–

1313 Medaille für treue Dienste im Gesundheits- und Sozialwesen der DDR, 1973, vergoldet oder vermessingt	50,–	26,–
1314 wie vor, versilbert oder vernickelt	40,–	20,–
1315 wie vor, bronzefarben	30,–	15,–
1316 Medaille für langjährige Pflichterfüllung zur Stärkung der Landesverteidigung der DDR, 1974, für 35 (Frauen) oder 40 (Männer) Dienstjahre, vergoldet oder vermessingt	250,–	128,–

1317 wie vor, für 30 Dienstjahre, vergoldet oder
vermessingt   220,–   112,–
1318 wie vor, für 20 Dienstjahre, versilbert oder vernickelt 150,–   77,–
1318/1 wie vor, für 10 Dienstjahre, bronzefarben   130,–   66,–

1319 wie vor, Revers verändert   300,–   153,–

1320 Medaille ausgezeichnetes Volkskunstkollektiv
der DDR, 1974 (nicht tragbar), Böttger-Steinzeug   100,–   51,–

	DM	Euro

1321 Medaille für Verdienste im künstlerischen Volks-
schaffen der DDR, 1974   80,–   41,–

1322 Medaille für hervorragende Leistungen im Bergbau
und in der Energiewirtschaft der DDR, 1975   250,–   128,–

1323 Medaille für hervorragende Leistungen in der
Metallurgie der DDR, 1975   200,–   102,–

DM   Euro

1324 Medaille für hervorragende Leistungen in der
chemischen Industrie der DDR, 1975   160,–   82,–

1325 Medaille für hervorragende Leistungen in der
metallverarbeitenden Industrie der DDR, 1975   200,–   102,–

1326 Medaille für hervorragende Leistungen in der
Leicht-, Lebensmittel- und Nahrungsgüterindustrie
der DDR, 1975   120,–   61,–

	DM	Euro

1327   Medaille für hervorragende Leistungen im
       Verkehrswesen der DDR, 1975   250,–   128,–

1328   Medaille für hervorragende Leistungen im Handel
       der DDR, 1975   200,–   102,–

1329   Medaille für hervorragende Leistungen im Bereich
       der haus- und kommunalwirtschaftlichen Dienst-
       leistungen der DDR, 1975   120,–   61,–

DM　Euro

1330　Medaille für hervorragende Leistungen in der
　　　Wasserwirtschaft der DDR, 1975　　　　　　　350,–　179,–

1331　Humboldt-Medaille, 1975, vergoldet　　　　700,–　358,–
1332　wie vor, versilbert　　　　　　　　　　　　500,–　256,–
1333　wie vor, bronzefarben　　　　　　　　　　　300,–　153,–

1334　Medaille für hervorragende Leistungen im
　　　außenpolitischen Dienst der DDR, 1979　　　1.500,–　767,–

1335   Medaille für hervorragende Leistungen in
landwirtschaftlichen Produktionsgenossenschaften
der DDR, 1977   250,–   128,–

1336   Medaille für hervorragende Leistungen in der
Land- und Forstwirtschaft der DDR, 1977   250,–   128,–

1337   Medaille für treue Dienste in der Zivilverteidigung
der DDR, 1977, für 20 Dienstjahre, vergoldet
oder vermessingt   700,–   358,–

		DM	Euro
1338	wie vor, für 15 Dienstjahre, vergoldet oder vermessingt	500,–	256,–
1339	wie vor, für 10 Dienstjahre, versilbert oder vernickelt	600,–	307,–
1340	wie vor, für 5 Dienstjahre, bronzefarben	700,–	358,–

		DM	Euro
1341	Medaille für treue Pflichterfüllung in der Zivil-verteidigung der DDR, 1977, für 30 Dienstjahre, Buntmetall oder Eisen, vergoldet oder vermessingt	50,–	26,–
1342	wie vor, für 20 Dienstjahre, versilbert oder vernickelt	30,–	15,–
1343	wie vor, für 10 Dienstjahre, bronzefarben	20,–	10,–
1344	Verdienstmedaille der Grenztruppen der DDR, 1977, vergoldet oder vermessingt	180,–	92,–
1345	wie vor, versilbert oder vernickelt	130,–	66,–

		DM	Euro
1346	wie vor, bronzefarben	100,–	51,–

	DM	Euro

1347 Medaille für treue Dienste in den Grenztruppen
      der DDR, 1977, für 20 Dienstjahre, Buntmetall
      oder Eisen, vergoldet oder vermessingt   180,–   92,–

1348 wie vor, für 15 Dienstjahre, vergoldet oder
      vermessingt   150,–   77,–
1349 wie vor, für 10 Dienstjahre, versilbert oder
      vernickelt   120,–   61,–
1350 wie vor, für 5 Dienstjahre, bronzefarben   80,–   41,–

1351 Medaille »30. Jahrestag der Gründung der DDR«,
      1978   25,–   13,–

	DM	Euro

1352 Medaille für hervorragende Leistungen in der
Volkswirtschaftsplanung der DDR, 1978, vergoldet   250,–   128,–
1353 wie vor, versilbert   180,–   92,–
1354 wie vor, bronzefarben   150,–   77,–

1355 Medaille für hervorragende Leistungen im Finanz-
wesen der DDR, 1978, vergoldet oder vermessingt   250,–   128,–

1356 wie vor, versilbert, durchbohrt ohne Öse   350,–   179,–
1357 wie vor, versilbert oder vernickelt, mit Öse   180,–   92,–
1358 wie vor, bronzefarben, durchbohrt ohne Öse   300,–   153,–
1359 wie vor, mit Öse   160,–   82,–

DM Euro

| 1360 | Kurt-Barthel-Medaille, 1979 | 400,– | 205,– |
| 1361 | Helene-Weigel-Medaille, 1980 | 15.000,– | 7.669,– |

| 1362 | Militärische Verdienstmedaille der DDR, 1982 | 2.000,– | 1.023,– |

| 1363 | Ehrenzeichen für hervorragende Leistungen im Brandschutz, 1983 | 120,– | 61,– |

	DM	Euro

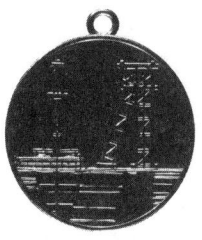 

1364 Medaille für hervorragende Leistungen in der
Geologie der DDR, 1983   800,–   409,–

1365 Medaille für Verdienste am zentralen Jugend-
objekt FDJ-Initiative Berlin, 1984, vergoldet
oder vermessingt   80,–   41,–

1366 wie vor, versilbert oder vernickelt   60,–   31,–

1367 wie vor, bronzefarben   50,–   26,–

1368 Verdienstmedaille der Forstwirtschaft der DDR,
1984, vergoldet   800,–   409,–

1369 wie vor, versilbert   650,–   332,–

	DM	Euro

		DM	Euro
1370	wie vor, bronzefarben	500,–	256,–
1371	Medaille für treue Dienste freiwilliger Helfer beim Schutz der Staatsgrenze der DDR, 1986, für 30 Dienstjahre, vermessingt	300,–	153,–
1372	wie vor, für 25 Dienstjahre, vermessingt	250,–	128,–
1373	wie vor, für 20 Dienstjahre, vernickelt	200,–	102,–

		DM	Euro
1374	wie vor, für 15 Dienstjahre, vernickelt	180,–	92,–
1375	wie vor, für 10 Dienstjahre, bronzefarben	160,–	82,–
1376	wie vor, für 5 Dienstjahre, bronzefarben	150,–	77,–
1377	Johannes-Dobberstein-Medaille für Verdienste im Veterinärwesen der DDR, 1987, vermessingt	1.000,–	511,–
1378	wie vor, vernickelt	800,–	409,–

	DM	Euro

1379   wie vor, bronzefarben   700,–   358,–

1380   Friedrich-Wolf-Medaille, 1988   800,–   409,–

1381   Ehrenmedaille zum 40. Jahrestag der DDR, 1988   30,–   15,–
1382   Dr.-Richard-Sorge-Medaille für Kampfverdienst,
          1990 (kam nicht mehr zur Verleihung), vergoldet   5.000,–   2.556,–

1383 wie vor, versilbert   4.800,– 2.454,–
1384 wie vor, bronzefarben   4.500,– 2.301,–

Bundesrepublik Deutschland ab 1949

| | DM | Euro |

A. Vor 1945 gestiftete Auszeichnungen, die lt. Ordensgesetz
von 1957 wieder zugelassen sind

Friedensauszeichnungen

| 1385 | **Rettungsmedaille am Bande, 1937** *(Band Nr. 255)* | 60,– | 31,– |

Ehrenzeichen des Deutschen Roten Kreuzes, 1937

1386	Stern des Ehrenzeichen des DRK	200,–	103,–
1387	Ehrenzeichen 1. Klasse *(Band Nr. 303)*	120,–	62,–
1388	Verdienstkreuz	85,–	44,–
1389	Ehrenzeichen *(Band Nr. 305)*	60,–	31,–
1390	Damenkreuz *(Band Nr. 306)*	60,–	31,–
1391	Medaille *(Band Nr. 315)*	40,–	21,–

		DM	Euro

Deutsches Olympia – Ehrenzeichen, 1936

1392	I. Klasse *(Band Nr. 330)*	190,–	97,–
1393	II. Klasse *(Band Nr. 331)*	150,–	77,–
1394	Olympia-Erinnerungsmedaille *(Band Nr. 332)*	40,–	21,–

Treudienst – Ehrenzeichen, 1938

1395	Sonderstufe für 50 Dienstjahre, 1944	65,–	33,–
1396	1. Stufe für 40 Dienstjahre	45,–	23,–
1397	2. Stufe für 25 Dienstjahre	45,–	23,–
1398	Sonderstufe für Angestellte und Arbeiter in der freien Wirtschaft für 50 Jahre *(Band Nr. 278 ff.)*	55,–	28,–

Dienstauszeichnung für den Reichsarbeitsdienst, 1938

1399	1. Stufe für 25 Dienstjahre	65,–	33,–
1400	2. Stufe für 18 Dienstjahre	55,–	28,–

		DM	Euro
1401	3. Stufe für 12 Dienstjahre	50,–	26,–
1402	4. Stufe für 4 Dienstjahre		
	(Band Nr. 287 ff.)	40,–	21,–

Dienstauszeichnung für den RADwJ, 1938

1403	1. Stufe für 25 Dienstjahre	65,–	33,–
1404	2. Stufe für 18 Dienstjahre	55,–	28,–
1405	3. Stufe für 12 Dienstjahre	50,–	26,–
1406	4. Stufe für 4 Dienstjahre		
	(Band Nr. 291 ff.)	40,–	21,–

Polizei-Dienstauszeichnung, 1938

1407	für 40 Dienstjahre, 1944	80,–	41,–
1408	1. Stufe für 25 Dienstjahre	55,–	28,–

1409	2. Stufe für 18 Dienstjahre	50,–	26,–

	DM	Euro

1410   3. Stufe für 8 Dienstjahre
   (Band Nr. 282 ff.)   30,–   15,–

Feuerwehr – Ehrenzeichen, 1938

1411   1. Stufe   45,–   23,–

1412   2. Stufe   40,–   21,–
1413   2. Stufe mit Eichenlaub für 40 Dienstjahre, 1944   55,–   28,–
   (Band Nr. 258 ff.)

1414   **Grubenwehr – Ehrenzeichen, 1938** *(Band Nr. 263)*   45,–   23,–

Luftschutz – Ehrenzeichen, 1938

1415   1. Stufe   50,–   26,–

1416   2. Stufe   30,–   15,–
       (Band Nr. 264 f.)

		DM	Euro
1417	**Zollgrenzschutz – Ehrenzeichen, 1938** *(Band Nr. 286)*	40,–	21,–

Dienstauszeichnung der Wehrmacht, 1936

| 1418 | für 40 Dienstjahre, 1939 | 80,– | 41,– |

1419	1. Klasse	55,–	28,–
1420	2. Klasse	40,–	21,–
1421	3. Klasse	35,–	18,–
1422	4. Klasse *(Band Nr. 621 ff.)*	25,–	13,–

Kriegsauszeichnungen

Ehrenkreuz des Weltkrieges, 1934

1423	für Frontkämpfer *(Band Nr. 562)*	8,–	4,–
1424	für Kriegsteilnehmer *(Band Nr. 563)*	8,–	4,–
1425	für Hinterbliebene *(Band Nr. 564)*	8,–	4,–

Eisernes Kreuz, 1939

1426	EK II *(Band Nr. 590)*	45,–	23,–
1427	Spange zum EK II des Weltkrieges *(Band Nr. 591)*	30,–	15,–
1428 ·	EK I	55,–	28,–

		DM	Euro
1429	Spange zum EK I des Weltkrieges	30,–	15,–

1430	Ritterkreuz *(Band Nr. 583)*	180,–	92,–
1431	Eichenlaub, 1940	85,–	44,–
1432	Eichenlaub mit Schwertern, 1941	110,–	56,–
1433	Eichenlaub mit Schwertern und Brillanten, 1941	*	
1434	Goldenes Eichenlaub mit Schwertern und Brillanten, 1944	*	

Kriegsverdienstkreuz, 1939

1435	Kriegsverdienstmedaille, 1940 *(Band Nr. 604)*	20,–	10,–
1436	II. Klasse *(Band Nr. 603)*	25,–	13,–
1437	I. Klasse	45,–	23,–
1438	Ritterkreuz, 1940 *(Band Nr. 597)*	200,–	103,–
1439	II. Klasse mit Schwertern *(Band Nr. 602)*	25,–	13,–

1440	I. Klasse mit Schwertern	45,–	23,–
1441	Ritterkreuz mit Schwertern *(Band Nr. 596)*	200,–	103,–

Deutsches Kreuz, 1941

1442 in Gold   185,–   95,–

1443 in Silber   185,–   95,–

Verwundetenabzeichen, 1939

		DM	Euro
1444	in Schwarz	20,–	10,–
1445	in Silber	25,–	13,–
1446	in Gold	30,–	15,–

		DM	Euro
1447	**Medaille Winterschlacht im Osten 1941/42** **(Ostmedaille), 1942** *(Band Nr. 620)*	25,–	13,–

Kampf-, Leistungs- und Tätigkeitsabzeichen der Wehrmacht

Narvikschild, 1940

		DM	Euro
1448	für Heer und Luftwaffe	30,–	15,–
1449	für die Kriegsmarine	30,–	15,–
1450	**Cholmschild, 1942**	30,–	15,–

		DM	Euro

**Tapferkeits- und Verdienstauszeichnung für Angehörige
der Ostvölker, 1942**

für Tapferkeit

		DM	Euro
1451	2. Klasse in Bronze *(Band Nr. 849)*	40,–	21,–
1452	dto. in Silber *(Band Nr. 848)*	50,–	26,–
1453	dto. in Gold *(Band Nr. 847)*	55,–	28,–
1454	1. Klasse in Silber	60,–	31,–
1455	dto. in Gold	60,–	31,–

für Verdienst

		DM	Euro
1456	2. Klasse in Bronze *(Band Nr. 854)*	40,–	21,–
1457	dto. in Silber *(Band Nr. 853)*	50,–	26,–
1458	dto. in Gold *(Band Nr. 852)*	55,–	28,–
1459	1. Klasse in Silber	60,–	31,–
1460	dto. in Gold	60,–	31,–
1461	**Krimschild, 1942**	35,–	18,–
1462	**Ärmelband KRETA, 1942**	40,–	21,–
1463	**Ärmelband AFRIKA, 1942**	40,–	21,–
1464	**Demjanskschild, 1943**	35,–	18,–
1465	**Kubanschild, 1943**	35,–	18,–

Bandenkampfabzeichen, 1944

		DM	Euro
1466	1. Stufe	35,–	18,–
1467	2. Stufe	40,–	21,–

		DM	Euro

| 1468 | 3. Stufe | 45,– | 23,– |
| 1469 | **Ärmelband »Metz 1944«, 1944** | 75,– | 38,– |

Panzervernichtungsabzeichen, 1942

| 1470 | auf silbernem Band | 30,– | 15,– |
| 1471 | auf goldenem Band | 35,– | 18,– |

Tieffliegervernichtungsabzeichen, 1945

| 1472 | in Schwarz | 30,– | 15,– |
| 1473 | in Gold | 35,– | 18,– |

Kraftfahrbewährungsabzeichen, 1942

1474	in Bronze	20,–	10,–
1475	in Silber	25,–	13,–
1476	in Gold	30,–	15,–

Scharfschützenabzeichen, 1944

1477	1. Stufe	10,–	5,–
1478	2. Stufe	13,–	7,–
1479	3. Stufe	15,–	8,–

DM Euro

Kampf-, Leistungs- und Tätigkeitsabzeichen des Heeres

Infanterie – Sturmabzeichen

 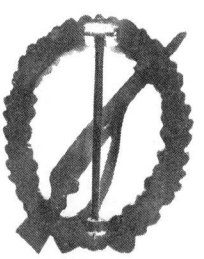

| 1480 | in Silber, 1939 | 40,– | 21,– |
| 1481 | in Bronze, 1940 | 40,– | 21,– |

Panzerkampfabzeichen

1482	**Silber,** 1939	45,–	23,–
1483	II. Stufe, 1943	50,–	26,–
1484	III. Stufe	55,–	28,–
1485	IV. Stufe	60,–	31,–
1486	IV. Stufe mit Einsatzzahl 100	65,–	33,–
1487	**Bronze,** 1940	45,–	23,–
1488	II. Stufe, 1943	50,–	26,–
1489	III. Stufe	55,–	28,–
1490	IV. Stufe	60,–	31,–
1491	IV. Stufe mit Einsatzzahl 100	65,–	33,–
1492	Panzerkampfabzeichen mit der Einsatzzahl 200	65,–	33,–

Sturmabzeichen (allg.), 1940

| 1493 | Sturmabzeichen | 45,– | 23,– |
| 1494 | II. Stufe, 1943 | 50,– | 26,– |

		DM	Euro
1495	III. Stufe	55,–	28,–
1496	IV. Stufe	60,–	31,–
1497	IV. Stufe mit Einsatzzahl 100	65,–	33,–
1498	**Heeres-Flakabzeichen, 1941**	30,–	15,–

Nahkampfspange, 1942

| 1499 | 1. Stufe | 45,– | 23,– |

1500	2. Stufe	50,–	26,–
1501	3. Stufe	55,–	28,–
1502	**Ehrenblatt – Spange, 1944** *(Band Nr. 608)*	35,–	18,–
1503	**Ärmelband KURLAND, 1945**	35,–	18,–
1504	**Fallschirmschützen-Abzeichen des Heeres, 1937**	45,–	23,–

Ballonbeobachter – Abzeichen, 1944

1505	in Bronze	30,–	15,–
1506	in Silber	35,–	18,–
1507	in Gold	40,–	21,–

Kampf-, Tätigkeits- und Tätigkeitsabzeichen der Kriegsmarine

1508 **U-Boots-Kriegsabzeichen, 1939**	50,–	26,–

1509 **Zerstörer-Kriegsabzeichen, 1940**	35,–	18,–
1510 **Kriegsabzeichen für Minensuch-, U-Boots-Jagd- und Sicherungsverbände, 1940**	35,–	18,–

1511 **Kriegsabzeichen für Hilfskreuzer, 1941**	35,–	18,–

	DM	Euro

| 1512 | **Flotten-Kriegsabzeichen, 1941** | 35,– | 18,– |
| 1513 | **Schnellboot-Kriegsabzeichen, 1941** | 35,– | 18,– |

| 1514 | **Kriegsabzeichen für die Marine-Artillerie, 1941** | 35,– | 18,– |

| 1515 | **Abzeichen für Blockadebrecher, 1941** | 35,– | 18,– |

	DM	Euro

U-Boots – Frontspange, 1944

1516	in Bronze	35,–	18,–
1517	in Silber	40,–	21,–

1518	**Ehrentafel – Spange, 1944** *(Band Nr. 610)*	35,–	18,–

1519	**Marine – Frontspange, 1944**	35,–	18,–

Kampf- und Bewährungsabzeichen der Kleinkampfmittel, 1944

1520	1. Stufe	20,–	10,–
1521	2. Stufe	25,–	13,–
1522	3. Stufe	30,–	15,–
1523	4. Stufe	35,–	18,–
1524	5. Stufe / Kampfspange in Bronze	40,–	21,–

1525	6. Stufe / Kampfspange in Silber	45,–	23,–
1526	7. Stufe / Kampfspange in Gold	50,–	26,–
1527	Bewährungsabzeichen der Kleinkampfmittel	20,–	10,–

Kampf-, Leistungs- und Tätigkeitsabzeichen der Luftwaffe

Frontflug – Spange

für Jäger, 1941

1528	in Bronze	40,–	21,–

		DM	Euro
1529	in Silber	50,–	26,–
1530	in Gold	60,–	31,–
1531	in Gold mit Anhänger, 1942	70,–	36,–
1532	in Gold mit Anhänger mit Einsatzzahl, 1944	80,–	41,–
	für Nah-Nachtjäger, 1942		
1533	in Bronze	40,–	21,–
1534	in Silber	50,–	26,–
1535	in Gold	60,–	31,–
1536	in Gold mit Anhänger, 1942	70,–	36,–
1537	in Gold mit Anhänger mit Einsatzzahl, 1944	80,–	41,–
	für Fern-Nachtjäger, 1942		
1538	in Bronze	40,–	21,–
1539	in Silber	50,–	26,–
1540	in Gold	60,–	31,–
1541	in Gold mit Anhänger, 1942	70,–	36,–
1542	in Gold mit Anhänger mit Einsatzzahl, 1944	80,–	41,–
	für Kampf- und Sturzkampfflieger, 1941		
1543	in Bronze	40,–	21,–
1544	in Silber	50,–	26,–
1545	in Gold	60,–	31,–
1546	in Gold mit Anhänger, 1942	70,–	36,–
1547	in Gold mit Anhänger mit Einsatzzahl, 1944	80,–	41,–
	für Aufklärer, 1941		
1548	in Bronze	40,–	21,–
1549	in Silber	50,–	26,–
1550	in Gold	60,–	31,–
1551	in Gold mit Anhänger, 1942	70,–	36,–
1552	in Gold mit Anhänger mit Einsatzzahl, 1944	80,–	41,–
	für Transport- und Luftlandeflieger, 1941		
1553	in Bronze	40,–	21,–
1554	in Silber	50,–	26,–
1555	in Gold	60,–	31,–
1556	in Gold mit Anhänger, 1942	70,–	36,–

		DM	Euro
1557	in Gold mit Anhänger mit Einsatzzahl, 1944	80,–	41,–
	für Schlachtflieger, 1944		
1558	in Bronze	40,–	21,–
1559	in Silber	50,–	26,–
1560	in Gold	60,–	31,–
1561	entfällt		
1562	in Gold mit Anhänger mit Einsatzzahl	80,–	41,–
	für Zerstörer, 1942		
1563	in Bronze	40,–	21,–
1564	in Silber	50,–	26,–
1565	in Gold	60,–	31,–
1566	in Gold mit Anhänger, 1942	70,–	36,–
1567	in Gold mit Anhänger mit Einsatzzahl, 1944	80,–	41,–
1568	**Kampfabzeichen der Flakartillerie**		
	(Flak – Kampfabzeichen), 1941	40,–	21,–

Erdkampfabzeichen der Luftwaffe

1569	Erdkampfabzeichen, 1942	35,–	18,–
1570	II. Stufe, 1944	40,–	21,–
1571	III. Stufe	45,–	23,–
1572	IV. Stufe	50,–	26,–
1573	V. Stufe	55,–	28,–

	DM	Euro
1574 **Ehrenblatt – Spange, 1944** *(Band Nr. 609)*	35,–	18,–

Nahkampfspange der Luftwaffe, 1944

1575 1. Stufe	35,–	18,–

1576 2. Stufe	40,–	21,–
1577 3. Stufe	45,–	23,–

Panzerkampfabzeichen der Luftwaffe, 1944

1578 **Silber**	35,–	18,–
1579 II. Stufe	50,–	26,–
1580 III. Stufe	55,–	28,–
1581 IV. Stufe	60,–	31,–
1582 V. Stufe	65,–	33,–
1583 **Schwarz**	35,–	18,–
1584 II. Stufe	50,–	26,–
1585 III. Stufe	55,–	28,–
1586 IV. Stufe	60,–	31,–
1587 V. Stufe	65,–	33,–
1588 **Seekampfabzeichen der Luftwaffe, 1944**	40,–	21,–
1589 **Flugzeugführerabzeichen, 1936**	50,–	26,–
1590 **Beobachterabzeichen, 1936**	50,–	26,–
1591 **Gemeinsames Flugzeugführer- und Beobachter-abzeichen (Luftwaffendoppelabzeichen), 1936**	50,–	26,–
1592 **Fliegerschützenabzeichen für Bordfunker, 1936**	50,–	26,–

	DM	Euro
1593 **Fliegerschützenabzeichen für Bordmechaniker und Bordschützen, 1936**	50,–	26,–
1594 **Fliegerschützenabzeichen für Bordschützen ohne Bordschützenschein, 1944**	40,–	21,–
1595 **Segelflugzeugführerabzeichen, 1940**	40,–	21,–
1596 **Fallschirmschützenabzeichen der Luftwaffe, 1936**	50,–	26,–
1597 **Fliegererinnerungsabzeichen, 1936**	40,–	21,–

B. Vom Bundespräsidenten oder mit seiner Zustimmung gestiftete sowie von ihm als Ehrenzeichen anerkannte Orden und Ehrenzeichen

Verdienstorden der Bundesrepublik Deutschland, 1951

	DM	Euro
1598 Sonderstufe des Großkreuzes, Ausführung für Herren	1.500,–	769,–
1599 Stern zur Sonderstufe des Großkreuzes	830,–	426,–
1600 Sonderstufe des Großkreuzes, Ausführung für Damen	1.500,–	769,–

	DM	Euro

1601	Stern zur Sonderstufe des Großkreuzes	780,–	400,–
1602	Großkreuz in besonderer Ausführung, 1954, 1998		*
1603	Stern zum Großkreuz in besonderer Ausführung		*
1604	Großkreuz, Ausführung für Herren	880,–	451,–
1605	Großkreuz, Ausführung für Damen	1.500,–	769,–

1606	Stern zum Großkreuz	590,–	303,–
1607	Großes Verdienstkreuz mit Stern und Schulterband, Ausführung für Herren	350,–	179,–
1608	dto., Ausführung für Damen	350,–	179,–

		DM	Euro
1609	Stern zum Großen Verdienstkreuz mit Schulterband	500,–	256,–
1610	Großes Verdienstkreuz	110,–	56,–

1611	Stern zum Großen Verdienstkreuz	450,–	231,–

1612	Verdienstkreuz I. Klasse, Ausführung für Herren	65,–	33,–
1613	Verdienstkreuz I. Klasse, Ausführung für Damen	55,–	28,–
1614	Verdienstkreuz am Bande, Ausführung für Herren	40,–	21,–

1615   Verdienstkreuz am Bande, Ausführung für Damen   40,–   21,–

1616   Verdienstkreuz am Bande für Arbeitsjubilare,
1952 – 1966   65,–   33,–

1617   Verdienstmedaille   30,–   15,–

	DM	Euro

Grubenwehr – Ehrenzeichen, 1953

1618 in Gold   65,–   33,–

1619 in Silber   50,–   26,–

Silbernes Lorbeerblatt, 1950

1620 Anstecknadel für Herren   70,–   36,–

1621 Brosche für Damen   70,–   36,–

1622 **Silbermedaille für den Behindertensport, 1978**   220,–   113,–
(verliehenes Stück mit Urkunde)

1623 **Orden pour le mérite für Wissenschaft und Künste, 1952**   *

	DM	Euro

Ehrenzeichen des Deutschen Roten Kreuzes, 1953

1624 Ehrenzeichen in Gold (früher 1. Klasse) 180,– 92,–

1625 Ehrenzeichen des DRK 100,– 51,–

Deutsches Feuerwehrehrenkreuz, 1953

1. Form, 1953 – 1974

1626 1. Klasse 90,– 46,–
1627 2. Klasse 70,– 36,–

2. Form, seit 1974

	DM	Euro

1628	1. Klasse	80,–	41,–
1629	2. Klasse	50,–	26,–

Medaille für Rettung aus Seenot der Deutschen Gesellschaft zur Rettung Schiffbrüchiger, 1955

1630	Medaille in Gold	*
1631	dto. in Silber	*

1632	dto. in Bronze	*

Ehrenzeichen der Bundesverkehrswacht, 1957 – 1968

1633	in Gold	190,–	97,–
1634	in Silber	150,–	77,–

	DM	Euro

Ehrenzeichen der Deutschen Verkehrswacht, seit 1968

1635   in Gold   130,–   67,–

1636   in Silber   110,–   56,–

Ehrenzeichen des Johanniterordens, 1959

1637   Kreuz des Herrenmeisters   *
1638   Kreuz der Ehrenmitglieder   *
1639   Kreuz der Kommendatoren   *
1640   Kreuz der Rechtsritter   *

1641   Kreuz der Ehrenritter   *

	DM	Euro

Goethe-Medaille, 1954

1. Form, 1954 – 1974

		DM	Euro
1642	Goethe-Medaille	400,–	206,–
1643	Goethe-Medaille in Gold	450,–	231,–

2. Form, 1974–1996

		DM	Euro
1644	Goethe-Medaille	350,–	179,–

3. Form, seit 1997

		DM	Euro
1644/1	Goethe-Medaille	300,–	154,–

Ehrenzeichen des Technischen Hilfswerkes, 1975

		DM	Euro
1645	in Gold	180,–	92,–
1646	in Silber	110,–	56,–

		DM	Euro
1647	in Bronze, 1990	60,–	31,–

	DM	Euro

Ehrenzeichen der Bundeswehr, 1980

| 1648 | Ehrenkreuz in Gold | 50,– | 26,– |
| 1649 | Ehrenkreuz in Silber | 40,– | 21,– |

| 1650 | Ehrenkreuz in Bronze | 30,– | 15,– |

| 1651 | Ehrenmedaille | 20,– | 10,– |

Einsatzmedaille, 1996

Die Einsatzmedaille wird nur mit Bandspange verliehen.

1651/1 IFOR   50,–   26,–

1651/2 SHARP GUARD   50,–   26,–

DM	Euro

1651/3 UNOMIG   50,–   26,–

1651/4 UNSCOM   50,–   26,–

1651/5 UNPF   50,–   26,–

	DM	Euro

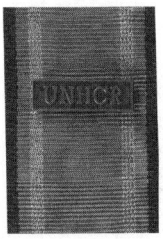

1651/6 UNHCR   50,–   26,–

1651/7 OSZE 1   50,–   26,–

1651/8   SFOR   50,–   26,–
1651/9   UNMAC   50,–   26,–
1651/10 KVM   50,–   26,–

DM   Euro

Deutsches Sportabzeichen, 1958

		DM	Euro
1652	in Gold mit Wiederholungszahlen	40,–	21,–
1653	dto., Ausführung für Damen	40,–	21,–

		DM	Euro
1654	in Gold	30,–	15,–
1655	dto., Ausführung für Damen	30,–	15,–
1656	in Silber	25,–	13,–
1657	dto., Ausführung für Damen	25,–	13,–
1658	in Bronze	15,–	8,–
1659	dto., Ausführung für Damen	15,–	8,–

**Lehr- und Leistungsabzeichen der Wasserwacht
und der DLRG, 1964 – 1976**

		DM	Euro
1660	Lehrabzeichen der Wasserwacht des DRK	30,–	15,–
1661	Leistungsabzeichen der Wasserwacht des DRK	30,–	15,–

DM   Euro

		DM	Euro
1662	Lehrabzeichen der DLRG	30,–	15,–
1663	Leistungsabzeichen der DLRG	30,–	15,–

Deutsches Rettungsschwimmabzeichen des DRK und der DLRG, 1976

		DM	Euro
1664	Rettungsschwimmabzeichen des DRK in Gold *(wie 1660)*	30,–	15,–
1665	dto. mit Wiederholungszahlen	40,–	21,–
1666	dto. in Silber *(wie 1661)*	30,–	15,–
1667	dto. mit Wiederholungszahlen	40,–	21,–

		DM	Euro
1668	Rettungsschwimmabzeichen der DLRG in Gold *(wie 1662)*	30,–	15,–
1669	dto. mit Wiederholungszahlen	40,–	21,–
1670	dto. in Silber *(wie 1663)*	30,–	15,–
1671	dto. mit Wiederholungszahlen	40,–	21,–

	DM	Euro

C.   Orden und Ehrenzeichen der Länder der Bundesrepublik
Deutschland

BADEN-WÜRTTEMBERG

Verdienstmedaille, 1974

1672 *Gold 750 bis 1980*   850,–   436,–

1673 *Gold 333 seit 1980*   500,–   256,–

Rettungsmedaille am Bande, 1953

1674 *1. Stempel, 1953/1954*   250,–   128,–

	DM	Euro

1674/1 *2. Stempel, seit 1955*   100,–   51,–

Ehrennadel des Landes Baden-Württemberg, 1983

1675   Anstecknadel für Herren   60,–   31,–

1676   Brosche für Damen   65,–   33,–

Feuerwehr – Ehrenzeichen, 1956

1677   in Silber   40,–   21,–
1678   in Gold   55,–   28,–

DM	Euro

1679 Sonderstufe   70,–   36,–

**Ehrenmedaille des Ministerpräsidenten
für Arbeitsjubilare in der freien Wirtschaft, 1981**

1679/1 in Silber für 40 Dienstjahre   50,–   26,–
1679/2 in Gold für 50 Dienstjahre   70,–   36,–

1679/3 in Gold für 60 Dienstjahre   90,–   46,–

BAYERN

1680   **Verdienstorden, 1957**   700,–   359,–

1681   **Maximiliansorden für Wissenschaft und
Kunst, 1980**   2.500,–   1.282,–

DM   Euro

Rettungsmedaille am Bande, 1952

1682   *1. Form, 1952 – 1974*   300,–   154,–

1683   *2. Form, seit 1974*   150,–   77,–

1684   **Belobigungsmedaille für Rettung aus Lebensgefahr
(Christophorus-Medaille), 1984**   150,–   77,–

	DM	Euro

1685   **Ehrenzeichen des Ministerpräsidenten**   350,–   179,–
       für Verdienste im Ehrenamt, 1994
1686   entfällt

Feuerwehr-Ehrenzeichen, 1953
1. Form, 1953 – 1955

1687	1. Klasse (für 50 Dienstjahre)	80,–	41,–
1688	2. Klasse (für 40 Dienstjahre)	60,–	31,–
1689	3. Klasse (für 25 Dienstjahre)	45,–	23,–

2. Form, 1955 – 1971

1690	1. Klasse	50,–	26,–
1691	2. Klasse	40,–	21,–
1692	3. Klasse	25,–	13,–

Änderung 1972

| 1693 | 1. Klasse (für 40 Dienstjahre, wie 1690) | 50,– | 26,– |
| 1694 | 2. Klasse (für 25 Dienstjahre, wie 1691) | 40,– | 21,– |

		DM	Euro
1695	Feuerwehr – Ehrenzeichen für besondere Verdienste, 1955 (Steckkreuz)	80,–	41,–

Ehrenzeichen für Verdienste um das Bayerische Rote Kreuz, 1957
1. Form, 1957 – 1972

		DM	Euro
1696	in Gold für L Dienstjahre	80,–	41,–
1697	in Silber für XL Dienstjahre	55,–	28,–
1698	in Bronze für XXV Dienstjahre	40,–	21,–

	DM	Euro

2. Form, seit 1972

		DM	Euro
1699	1. Klasse für XL Dienstjahre in Gold	50,–	26,–
1700	2. Klasse für XXV Dienstjahre in Silber	35,–	18,–

		DM	Euro
1701	Steckkreuz für besondere Verdienste, 1957	80,–	41,–

BERLIN

		DM	Euro
1702	**Verdienstorden, 1987**	110,–	56,–

Rettungsmedaille am Bande, 1953

| 1703 | *1. Form, 1953 – 1983* | 150,– | 77,– |

| 1704 | *2. Form, seit 1983* | 80,– | 41,– |

	DM	Euro

**Feuerwehr- und Katastrophenschutz –
Ehrenzeichen, 1978**

1705   1. Stufe   50,–   26,–

1706   2. Stufe   65,–   33,–
1707   Sonderstufe   80,–   41,–

**Ehrenzeichen für die Freiwillige Polizei –
Reserve, 1984**

| 1708 | 1. Stufe | 45,– | 23,– |
| 1709 | 2. Stufe | 65,– | 33,– |

| 1710 | Sonderstufe | 80,– | 41,– |

	DM	Euro

**Zugehörigkeitsabzeichen für die Angehörigen
der Wachpolizei, 1978**

1711   für 10 Dienstjahre   30,–   15,–

1711/1 für 20 Dienstjahre   40,–   21,–

1711/2 für 30 Dienstjahre   50,–   26,–

1712   und 1713 entfallen

BRANDENBURG

Feuerwehr-Ehrenzeichen, 1994

		DM	Euro
1714	Silbernes Ehrenzeichen am Bande	45,–	23,–
1715	Goldenes Ehrenzeichen am Bande	65,–	33,–

		DM	Euro
1716	Sonderstufe / Steckkreuz	85,–	44,–

**Medaille für Treue Dienste
in der Freiwilligen Feuerwehr, 1994**

		DM	Euro
1717	für 10 Dienstjahre in Kupfer	15,–	8,–
1718	für 20 Dienstjahre in Bronze	20,–	10,–

1719   für 30 Dienstjahre in Silber   25,–   13,–
1720   für 40 Dienstjahre in Gold   30,–   15,–

1720/1 **Oderflut-Medaille aus Anlaß des Hochwassers
an der Oder im Sommer 1997, 1997**   35,–   18,_

BREMEN

Feuerwehr – Anerkennungszeichen

1721   für 25 Dienstjahre, 1951   50,–   26,–

1722   für 40 Dienstjahre, 1955   80,–   41,–

DM   Euro

HAMBURG

		DM	Euro
1723	**Rettungsmedaille am Bande, 1951**	180,–	92,–

1724	**Hamburgische Dankmedaille, 1962**	35,–	18,–

Polizei-Verdienstabzeichen, 1947 – 1981
Stoffabzeichen für Uniformträger auf blauem oder grünem Tuch

1724/1	Abzeichen in Rot	35,–	18,–
1724/2	dto. mit einer Silberkordel	50,–	26,–
1724/3	dto. mit zwei Silberkordeln	65,–	33,–

DM Euro

		DM	Euro
1724/4	Abzeichen in Silber	35,–	18,–
1724/5	dto. mit einer Silberkordel	40,–	21,–
1724/6	dto. mit zwei Silberkordeln	50,–	26,–
1724/7	dto. mit drei Silberkordeln	60,–	31,–
	Metallabzeichen für Nichtuniformträger		
1724/8	in Rot	80,–	41,–
1724/9	dto. mit Lorbeerzweigen	190,–	97,–
1724/10	in Silber	60,–	31,–

1724/11	dto. mit Lorbeerzweigen	120,–	62,–

HESSEN

Ansteckabzeichen zur Wilhelm-Leuschner-Medaille, 1964

1725   Anstecknadel für Herren   *

1726   Brosche für Damen   *

Verdienstorden, 1989   *

1727   Halsorden   *

1727/1 Verdienstorden am Bande, 1998   *

Rettungsmedaille am Bande, 1953

1728   *1. Form 1953 – 1988*   *

1729   *2. Form, 1988*   *

1729/1 *3. Form, seit 1988*   *

Ehrennadel zum Ehrenbrief des Landes Hessen, 1973

1. Form, achteckig, bis 1981

1730   Anstecknadel für Herren   50,–   26,–

1731   Brosche für Damen   50,–   26,–

	DM	Euro

2. Form, seit 1981

1732   Anstecknadel für Herren   40,–   21,–

1733   Brosche für Damen   40,–   21,–

**Anstecknadel zur Sportplakette
des Landes Hessen, 1970**

1734   Ausführung für Herren·   *

1735   Ausführung für Damen   *

1736   bis 1738/1 entfallen

	DM	Euro

Brandschutzehrenzeichen, 1962

1739	Stufe I	35,–	18,–
1740	Stufe II	45,–	23,–
1741	Stufe III	55,–	28,–

1742	Stufe IV	70,–	36,–

Feuerwehrleistungsabzeichen, 1974, 1980

1743	1. Stufe	25,–	13,–

1744	2. Stufe	35,–	18,–
1745	3. Stufe	45,–	23,–
1746	4. Stufe	60,–	31,–

	DM	Euro

Ehrenplakette für besondere Verdienste um die Landwirtschaft und Umwelt (Ministerium für Landwirtschaft und Umwelt), 1973

		DM	Euro
1747	Anstecknadel Stufe 1	30,–	15,–
1748	dto. Stufe 2	25,–	13,–
1749	dto. Stufe 3	20,–	10,–

Ehrenplakette für besondere Leistungen auf dem Gebiet der Landwirtschaft (wie oben)

1750	Anstecknadel Stufe 1	30,–	15,–
1751	dto. Stufe 2	25,–	13,–
1752	dto. Stufe 3	20,–	10,–

Ehrenplakette für besondere Verdienste um Landesentwicklung, Umwelt, Landwirtschaft und Forsten (Ministerium für Landesentwicklung, Umwelt, Landwirtschaft und Forsten), 1979

1753	Anstecknadel Stufe 1	30,–	15,–
1754	dto. Stufe 2	25,–	13,–
1755	dto. Stufe 3	20,–	10,–

Ehrenplakette für besondere Leistungen auf dem Gebiet der Landwirtschaft (wie oben)

1756	Anstecknadel Stufe 1	30,–	15,–
1757	dto. Stufe 2	25,–	13,–
1758	dto. Stufe 3	20,–	10,–

		DM	Euro

Ehrenplakette für besondere Verdienste um Landwirtschaft, Forsten und Naturschutz (Ministerium für Landwirtschaft, Forsten und Naturschutz), 1985

1759	Anstecknadel Stufe 1	30,–	15,–
1760	dto. Stufe 2	25,–	13,–
1761	dto. Stufe 3	20,–	10,–

Ehrenplakette für besondere Leistungen auf dem Gebiet der Landwirtschaft (wie oben)

1762	Anstecknadel Stufe 1	30,–	15,–
1763	dto. Stufe 2	25,–	13,–
1764	dto. Stufe 3	20,–	10,–

Ehrenplakette für besondere Verdienste um Landwirtschaft und Forsten (Ministerium für Landwirtschaft und Forsten), 1986

1765	Anstecknadel Stufe 1	30,–	15,–
1766	dto. Stufe 2	25,–	13,–
1767	dto. Stufe 3	20,–	10,–

Ehrenplakette für besondere Verdienste um Landwirtschaft, Forsten und Naturschutz (Ministerium für Landwirtschaft, Forsten und Naturschutz), 1988

| 1768 | Anstecknadel Stufe 1 | 30,– | 15,– |
| 1769 | dto. Stufe 2 | 25,– | 23,– |

| 1770 | dto. Stufe 3 | 20,– | 10,– |

1771 – 1775 entfallen

	DM	Euro

MECKLENBURG – VORPOMMERN

		DM	Euro
1776	**Rettungsmedaille am Bande, 1992**	130,–	67,–

Brandschutz-Ehrenzeichen, 1993

		DM	Euro
1777	für 10 Dienstjahre	25,–	13,–

		DM	Euro
1778	für 25 Dienstjahre	45,–	23,–
1779	für 40 Dienstjahre	60,–	31,–

	DM	Euro

1780   Sonderstufe   70,–   36,–

NIEDERSACHSEN

Verdienstorden, 1961

1781   Großes Verdienstkreuz   120,–   62,–

1782   Verdienstkreuz (Steckkreuz)   60,–   31,–

	DM	Euro
1783 Verdienstkreuz am Bande	35,–	18,–

| **1784 Rettungsmedaille am Bande, 1953** | 80,– | 41,– |

**Ehrenzeichen für Verdienste im Feuerlösch-
wesen, 1954**

1. Ausführung

| 1785 | für 25 Dienstjahre, br. | 50,– | 26,– |
| 1786 | für 40 Dienstjahre, vs. | 70,– | 36,– |

2. Ausführung

| 1786/1 | für 25 Dienstjahre, vs. | 30,– | 15,– |
| 1786/2 | für 40 Dienstjahre, vs./vg. | 35,– | 18,– |

| 1787 | für 50 Dienstjahre | 60,– | 31,– |

1788   Sonderstufe, 1956   85,–   44,–

1789   **Gedenkmedaille aus Anlaß der**   45,–   23,–
       Sturmflutkatastrophe, 1962

1790   **Gedenkmedaille aus Anlaß der Waldbrand-**   35,–   18,–
       katastrophe im August 1975, 1976

NORDRHEIN-WESTFALEN

1791   **Verdienstorden, 1986**   110,–   56,–

Rettungsmedaille am Bande, 1951

1792   *1. Form, 1951 – 1970*   120,–   62,–

1793   *2. Form, seit 1970*   100,–   51,–

Feuerwehr – Ehrenzeichen, 1954

1794   1. Stufe   25,–   13,–
1795   2. Stufe   30,–   15,–

1796   Sonderstufe in Silber   55,–   28,–
1797   Sonderstufe in Gold   65,–   33,–

	DM	Euro

RHEINLAND-PFALZ

| 1798 | **Verdienstorden, 1982** | 110,– | 56,– |

| 1798/1 | **Verdienstmedaille des Landes Rheinland-Pfalz, 1996** | 60,– | 31,– |

Rettungsmedaille am Bande, 1951

| 1799 | *1. Form, 1951 – 1971* | 110,– | 56,– |

	DM	Euro

1800   *2. Form, seit 1971*   65,–   33,–

Ehrennadel des Landes Rheinland-Pfalz, 1974

1801   Anstecknadel für Herren   35,–   18,–

1802   Brosche für Damen   35,–   18,–

Feuerwehr – Ehrennadel und Feuerwehr – Ehrenzeichen
Ehrennadel, 1950 – 1956

1803   in Silber   60,–   31,–

	DM	Euro

 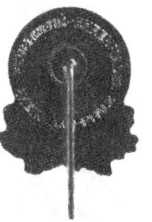

1804　in Gold　　　　　　　　　　　　　　80,–　　41,–

Feuerwehr – Ehrenzeichen, 1956 – 1984

1805　1. Stufe　　　　　　　　　　　　　　50,–　　26,–

1806　2. Stufe　　　　　　　　　　　　　　65,–　　33,–

1807　3. Stufe　　　　　　　　　　　　　　85,–　　44,–

	DM	Euro

Feuerwehr – Ehrenzeichen, seit 1985

1808   Silbernes Ehrenzeichen für 25jährige Tätigkeit   30,–   15,–

1809   Goldenes Ehrenzeichen für 35jährige Tätigkeit   35,–   18,–

1810   Silbernes Ehrenzeichen am Bande   40,–   21,–
1811   Goldenes Ehrenzeichen am Bande   50,–   26,–
1812   Goldenes Ehrenzeichen, Steckkreuz   70,–   36,–

	DM	Euro

1813   Ehrenkreuz für besonders mutiges Verhalten   100,–   51,–

SAARLAND

1814   **Verdienstorden, 1974**   200,–   103,–

1815   **Rettungsmedaille am Bande, 1959**   150,–   77,–

Feuerwehr – Ehrenzeichen, 1959
1816   1. Stufe   30,–   15,–

	DM	Euro

| 1817 | 2. Stufe | 40,– | 21,– |

| 1818 | Sonderstufe | 60,– | 31,– |

Feuerwehr – Leistungsabzeichen

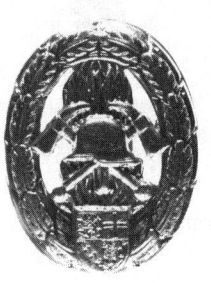

| 1819 | in Silber, 1975 | 40,– | 21,– |
| 1820 | in Gold, 1982 | 55,– | 28,– |

	DM	Euro

1821 **Anstecknadel zur Freiherr-vom-Stein-Medaille, 1989**   *
1822 entfällt

SACHSEN

1823 **Verdienstorden, 1996**   500,–   256,–

1824 **Lebensrettungsehrenzeichen, 1999**   150,–   77,–

Feuerwehr-Ehrenzeichen, 1992

1825 Ehrenzeichen am Bande, Stufe 1   35,–   18,–
1826 dto., Stufe 2   40,–   21,–

		DM	Euro
1827	Steckkreuz, Stufe 1	50,–	26,–
1828	dto., Stufe 2	65,–	33,–

1829 Gedenkmedaille aus Anlaß der Waldbrandkatastrophe Weißwasser im Mai/Juni 1992, 1993   35,–   18,–

1830 entfällt

SACHSEN-ANHALT

1831 **Ehrennadel des Ministerpräsidenten des Landes**   *
      Sachsen-Anhalt, 2000

Brandschutz-Ehrenzeichen, 1993

		DM	Euro
1832	Silbernes Ehrenzeichen am Bände	30,–	15,–
1833	Goldenes Ehrenzeichen am Bande	40,–	21,–

		DM	Euro
1834	Goldenes Ehrenzeichen, Steckkreuz	55,–	28,–

	DM	Euro

**Ehrennadel für langjährige Tätigkeit
im Brandschutz, 1993**

1835   für 10 Jahre   10,–   5,–

1836   für 20 Jahre   15,–   8,–
1837   für 30 Jahre   20,–   10,–

1838   für 40 Jahre   25,–   13,–

1839   für 50 Jahre   30,–   15,–

1839/1 **Abzeichen zur Erinnerung an die**   25,–   13,–
       Hilfeleistung bei der Hochwasserkatastrophe
       im April 1994, 1994

1840   entfällt

SCHLESWIG-HOLSTEIN

Rettungsmedaille am Bande, 1951

1841   *1. Form, 1951 – 1954*   200,–   103,–

1842   *2. Form, seit 1954*   100,–   51,–

Ehrennadel des Landes Schleswig-Holstein, 1982

1843   Anstecknadel für Herren   70,–   36,–

	DM	Euro

1844 Brosche für Damen 70,– 36,–

1845 **Anstecknadel zur Schleswig-Holstein-Medaille,** 80,– 41,–
     1978

Medaille für Arbeitsjubilare, 1967
1. Stempel, 1967 – 1993

1846 Silberne Medaille für 40jährige Tätigkeit 90,– 46,–
1847 Goldene Medaille für 50jährige Tätigkeit 120,– 62,–

DM Euro

2. Stempel, seit 1993

1848 Silberne Medaille für 40jährige Tätigkeit   80,–   41,–

Brandschutz – Ehrenzeichen, 1955

1849 1. Stufe   35,–   18,–
1850 2. Stufe   40,–   21,–
1851 Sonderstufe   60,–   31,–

Gildenkette, 1967

1852	*1. Stempel, 1967 – 1993*	1.200,–	615,–
1852/1	*2. Stempel, seit 1993*	1.000,–	513,–

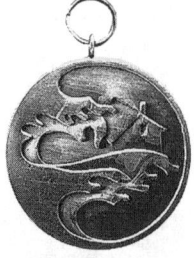 

1853	**Sturmflutmedaille, 1962**	40,–	21,–

Schleswig-Holsteinisches Feuerwehr-Ehrenkreuz, 1998

1854	in Bronze am Bande	35,–	18,–
1855	in Silber dto.	45,–	23,–
1855/1	in Gold, Steckkreuz	60,–	31,–
1856	entfällt		

THÜRINGEN

1857   **Rettungsmedaille am Bande, 1994**   120,–   62,–

Brandschutz-Ehrenzeichen, 1992

1858   Bronzene Medaille   20,–   10,–
1859   Silbernes Ehrenzeichen am Bande   35,–   18,–
1860   Goldenes Ehrenzeichen am Bande   40,–   21,–

		DM	Euro
1861	Silbernes Ehrenzeichen, Steckkreuz	50,–	26,–
1862	Goldenes Ehrenzeichen, Steckkreuz	60,–	31,–

1852

Die Deutsche Bibliothek – CIP-Einheitsaufnahme

Deutsche Orden und Ehrenzeichen : Deutsches Reich von
1871 bis 1945, DDR und Bundesrepublik Deutschland ;
mit aktuellen Marktpreisen / Nimmergut/Feder/von der Heyde. -
5., aktualisierte Aufl., – München : Battenberg, 2000
. 2. Aufl. u.d.T.; Katalog deutsche Orden und Ehrenzeichen
ISBN 3-89441-499-5

Lektorat: Michael Schönberger
Umschlaggestaltung: S/L-Kommunikation, Wörthsee
Layout und DTP/Satz: Satzstudio Bäumenheim
Reproduktion: Repro Mayr, Donauwörth
Druck und Bindung: Presse-Druck, Augsburg

BATTENBERG VERLAG 2000
© Weltbild Ratgeber Verlage GmbH und Co.KG, München

Printed in Germany

ISBN 3-89441-499-5